APOROFOBIA, A AVERSÃO AO POBRE
Um desafio para a democracia

CONTRACORRENTE

ADELA CORTINA

APOROFOBIA, A AVERSÃO AO POBRE
Um desafio para a democracia

Tradução de Daniel Fabre

2ª reimpressão

São Paulo

2022

CONTRACORRENTE

Copyright © **EDITORA CONTRACORRENTE**
Rua Dr. Cândido Espinheira, 560 | 3º andar
São Paulo – SP – Brasil | CEP 05004 000
www.loja-editoracontracorrente.com.br
contato@editoracontracorrente.com.br
www.editoracontracorrente.blog

Editores

Camila Almeida Janela Valim
Gustavo Marinho de Carvalho
Rafael Valim

Equipe editorial

Coordenação de projeto: Juliana Daglio
Tradução: Daniel Fabre
Revisão: Douglas Magalhães
Diagramação: Denise Dearo
Capa: Maikon Nery

Equipe de apoio

Fabiana Celli
Carla Vasconcelos
Fernando Pereira
Regina Gomes

Dados Internacionais de Catalogação na Publicação (CIP)
(Ficha Catalográfica elaborada pela Editora Contracorrente)

C829   CORTINA, Adela.
         Aporofobia, a aversão ao pobre: um desafio para a democracia. | Adela Cortina; tradução de Daniel Fabre – São Paulo: Editora Contracorrente, 2020.

      ISBN: 978-65-884700-84

        1. Desigualdade social; 2. Democracia; 3. Classes sociais. 3. Aporofobia. 4. Pobreza. I. Título. II. Autor.

                                                       CDD: 305.56
                                                       CDU: 316.35

Impresso no Brasil
Printed in Brazil

@editoracontracorrente
Editora Contracorrente
@ContraEditora

SUMÁRIO

PREFÁCIO 9
INTRODUÇÃO 15

CAPÍTULO I – UMA CHAGA SEM NOME 21
1. Da xenofobia à aporofobia 21
2. História de um termo 26

CAPÍTULO II – OS CRIMES DE ÓDIO AO POBRE 33
1. A chave do ódio: o que despreza ou o desprezado? 33
2. Crimes de ódio, discurso de ódio: duas patologias sociais ... 35
3. A fábula do lobo e do cordeiro 38
4. Estado e sociedade civil, uma cooperação necessária 45
5. O pobre é, em cada caso, o que não é rentável 48

CAPÍTULO III – O DISCURSO DE ÓDIO 51
1. Um debate inevitável 51
2. Liberdade de expressão ou direito a autoestima? 53
3. A construção de uma democracia radical 57

4. Miséria do discurso de ódio 63

5. A liberdade é construída a partir do respeito ativo 67

CAPÍTULO IV – NOSSO CÉREBRO É APORÓFOBO 71

1. Temos um sonho 71

2. Um abismo entre declarações e realizações................................. 73

3. Três versões do mal radical 76

4. As neurociências entram em ação 78

5. O mito do cocheiro 80

6. Somos biologicamente xenófobos.. 84

7. Breve história do cérebro xenófobo... 88

8. Aporofobia: os excluídos 90

CAPÍTULO V – CONSCIÊNCIA E REPUTAÇÃO...................... 97

1. A necessidade de educar a consciência 97

2. O anel de Giges 98

3. A origem biológica da consciência moral................................... 102

4. O sentimento de vergonha e a agressão moralista..................... 105

5. O jardim do Éden natural... 107

6. O que diz a voz da consciência? 108

7. A força da reputação.. 110

8. Educar para a autonomia para a compaixão.............................. 113

CAPÍTULO VI – BIOMELHORAMENTO MORAL 121

1. O problema da motivação moral 121

2. O novo Frankenstein 123

3. Transumanistas e bioconservadores 124

4. Biomelhoramento moral sem dano a terceiros 129

5. Um imperativo ético 131

6. É realmente um caminho promissor? 138

CAPÍTULO VII – ERRADICAR A POBREZA, REDUZIR A DESIGUALDADE 147

1. O pobre na sociedade da troca 147

2. É um dever de justiça erradicar a pobreza econômica? 149

3. A pobreza é falta de liberdade 150

4. A pobreza é evitável 153

5. Não apenas proteger a sociedade, mas, sobretudo, empoderar as pessoas 158

6. Esmolas ou justiça? 161

7. O direito a uma vida em liberdade 163

8. Reduzir a desigualdade: propostas para o século XXI 165

CAPÍTULO VIII – HOSPITALIDADE COSMOPOLITA 177

1. A crise de asilo e refúgio 177

2. Um sinal de civilização 180

3. Uma virtude da convivência 182

4. A hospitalidade como direito e como dever 185

5. Acolhimento: uma exigência ética incondicionada 193

6. O urgente e o importante 195

7. Hospitalidade cosmopolita: justiça e compaixão 197

REFERÊNCIAS BIBLIOGRÁFICAS 201

PREFÁCIO
O REMÉDIO PARA O ÓDIO CONTRA OS POBRES

O livro de Adela Cortina sobre a "aporofobia", ou seja, a fobia ou o ódio aos pobres, não poderia ser mais tempestivo. Vivemos num mundo que produz cada vez mais pobres em uma velocidade inaudita. O tipo de pobre que preocupa Adela é o pobre sem vínculos com a sociedade, o excluído, o "sem-lugar", aquele que não tem nada a oferecer na sociedade de troca em que vivemos. O pobre excluído e marginalizado que é tornado invisível e estigmatizado pelos outros.

De onde vem este estigma? Vivemos em um mundo que cada vez mais condena a pobreza como culpa dos próprios pobres, como denuncia inclusive o neologismo criado pela autora. Por que isso acontece? Quais as razões que levam ao desprezo ao pobre em todo lugar? Para demonstrar a ubiquidade do preconceito contra os pobres, Adela utiliza exemplos do cotidiano de fácil compreensão para qualquer leitor, como o comportamento de torcedores em jogo de futebol:

> Em 17 de março de 2016, vários diários espanhóis relataram um fato embaraçoso que havia ocorrido em Madrid no dia anterior. Um bom número de pessoas se encontrava na *Plaza Mayor* desfrutando de um dia de sol antes do começo de uma partida de futebol entre Atlético de Madrid e PSV Eindhoven da Holanda.

ADELA CORTINA

Um grupo de mendigas ciganas pedia esmolas na praça e ali entraram também torcedores da equipe holandesa. Com uma atitude de prepotência, os torcedores davam esmolas às mulheres, mas humilhando-as e jogando moedas, obrigando-as a dançar e fazer flexões em sua frente. Jornalistas de diferentes jornais qualificaram o caso como uma expressão de aporofobia e pediram a opinião de distintas pessoas: a de Emilio Martínez, a minha e a de membros do *Observatorio Hatento* e da *Fundación Secretariado Gitano*. Todos convieram em qualificar o fato como uma amostra evidente de discriminação, aporofobia e machismo, amostra que torna vulnerável o direito à dignidade de que todo ser humano é titular, e acrescentamos outras observações situadas nessa mesma linha.

Entretanto, os primeiros comentários que apareceram na rede na sequência do relato do diário *El Mundo* se mostravam contrários a nossas apreciações. Um dos comentaristas dizia ter sido testemunha do fato e assegurava que as mulheres não estavam mendigando, mas, sim, roubando, que eram bandos de ciganas romenas a enganar turistas e espanhóis em vez de trabalhar. Afirmava categoricamente: "É uma chaga que dá à Madrid uma imagem vergonhosa". Lamentava também que elas eram tomadas por vítimas e concluía com uma apreciação sarcástica: "Nesse ritmo o Governo vai lhes dar uma ajuda (e não falo de brincadeira)". Um segundo comentarista opinava que os torcedores talvez sentissem aporofobia porque viram reportagens sobre a questão e porque não estão acostumados a serem incomodados em seus momentos de ócio com acordeões barulhentos e pedidos de esmola. A pergunta parece se impor: onde reside a causa das fobias, no que despreza ou no desprezado?

Este é o ponto de partida do livro de Adela Cortina. E nenhum de nós, nesses tempos midiáticos de agressividade gratuita tolerada como liberdade de expressão, deixou de ver dezenas ou centenas de exemplos semelhantes em postagens no "facebook" ou "instagram" acerca da forma como os pobres são tratados no Brasil. O Brasil, inclusive, em tempos protofascistas, quando a expressão dos piores preconceitos ganha a máscara da sinceridade e da virilidade, talvez seja um dos países onde o sentimento investigado pela autora esteja sendo exposto do modo mais aberto e mais lamentável.

PREFÁCIO

Como o sentimento contra os pobres parece, no entanto, ser universal, a autora procura a gênese desta inclinação tanto nas ciências naturais, como a teoria da seleção natural das espécies e na neurociência, como também na filosofia. Como no exemplo da torcida do PSV holandês, o problema real de todo preconceito não parece ser a raça, a etnia, ou mesmo o estrangeiro enquanto tal, mas, sim, o pobre, simplesmente por ser pobre. Existe alguma coisa em nossa "humanidade" biológica ou social que nos condena a isso?

Adela examina as duas tradições científicas, biológica e social, em busca de respostas. Da teoria da seleção natural darwinista a autora retira a provocante hipótese segundo a qual o maior nível de moralidade em termos individuais não é decisivo, mas se aplicado a grupos sociais inteiros se transforma em uma vantagem comparativa decisiva para a sobrevivência do grupo. Eis as palavras de Darwin reproduzidas pela autora:

> Não se deve esquecer que, embora um alto nível de moralidade confira apenas uma ligeira vantagem, ou nenhuma, a cada homem individual e seus filhos em relação aos outros homens da mesma tribo, em vez disso, um aumento no número de homens bem dotados de qualidades e progresso no padrão de moralidade certamente dará a uma tribo uma vantagem imensa sobre outra. Uma tribo que inclui muitos membros, possuindo em alto grau o espírito de patriotismo, fidelidade, obediência, coragem e simpatia, estando sempre dispostos a ajudar uns aos outros e a se sacrificar pelo bem comum, sairá vitoriosa sobre a maioria das outras tribos; e esta será a seleção natural.[1]

A tese darwinista aplicada a grupos sociais parece ser também a forma como a neurociência aborda o fenômeno. As modificações biomédicas que reforçam a moralidade nos indivíduos, como no caso da ocitocina, ajudam a ligar as pessoas aos seus grupos seletivamente, mas não a humanidade enquanto tal. Se é verdade que os neurônios-espelho ajudam a criar empatia, é também verdade que esta empatia é

---

[1] DARWIN, Charles. *A Origem do Homem e a Seleção Sexual*. São Paulo: Hemus Livraria Editora, 1974, pp. 171 e 172.

particularmente eficaz em relação àqueles que compartilham de uma mesma matriz moral.

Nesse sentido, o amor incondicional pela humanidade enquanto tal parece ser um ideal impossível. Como no caso da evolução grupal para Darwin, a empatia com os outros parece ser limitada ao próprio grupo social de pertencimento paroquial. A superação do egoísmo individual parece, segundo esta forma de percepção do mundo social, ter seu limite no egoísmo do grupo de referência mais próximo, baseado na ajuda mútua e no afastamento dos aproveitadores do esforço alheio. A dialética da moralidade parece exigir sempre um "outro" impossível de ser assimilado e integrado.

Para a autora este "outro" inassimilável é precisamente o pobre. Em um tipo de sociedade como a nossa, baseada na relação de troca e de ajuda mútua que a autora chama de "sociedade contratual", o pobre fica literalmente "sem lugar". Nesse sentido, a investigação das raízes mais tipicamente "sociais" e não biológicas da interação humana em sociedade confirmaria os achados da biologia e da neurociência. Como o pobre não tem nada a oferecer ao seu grupo de referência, dado que não participa das trocas sociais que legitimam e fundam o "reconhecimento social" do participante ativo, ele parece ser o único elemento para além de qualquer resgate e remissão possível.

O remédio de Adela para a patologia social da invisibilidade do pobre é a educação moral compreendida em termos amplos. Uma educação moral que possa ensinar ao cérebro contratualista, mas, ao mesmo tempo, plástico e capaz de aprendizado dos humanos, uma visão cosmopolita que permita a compaixão fundada pelo reconhecimento de nossa vulnerabilidade universal.

Nas palavras da autora:

> Uma ética da corresponsabilidade exige a gestão das atuais condições jurídicas e políticas a partir do reconhecimento compassivo, orientando a construção de uma sociedade cosmopolita, sem exclusões. Este é um objetivo incontornável da educação, que deve começar na família e na escola e continuar nas diferentes áreas da vida pública.

PREFÁCIO

A meu ver, uma educação à altura do século XXI tem a tarefa de formar pessoas de seu tempo, de seu lugar concreto e abertas ao mundo. Sensíveis aos grandes desafios, dentre os quais há hoje o sofrimento de quem se refugia nesta Europa que já no século XVIII reconheceu o dever que todos os países têm de oferecer hospitalidade aos que chegam às suas terras, o drama da pobreza extrema, a fome e a falta de defesa dos vulneráveis, as milhões de mortes prematuras e de doenças sem cuidado. Educar para o nosso tempo exige formar cidadãos compassivos, capazes de assumir a perspectiva dos que sofrem, mas, sobretudo, de se comprometerem com eles.

A questão que Adela se propõe a investigar é muito mais que uma questão retórica. Talvez seja a grande questão de nosso tempo, na medida em que praticamente metade da humanidade vive em situação de pobreza e de não reconhecimento de suas necessidades. Compreender as razões do estigma universal ao excluído e marginalizado é compreender por que não conseguimos nos colocar, de modo radical, verdadeiro e comprometido, no lugar do outro que é o mais frágil e vulnerável dentre todos.

Jessé Souza

INTRODUÇÃO

Ao longo do ano de 2016, chegaram à Espanha algo mais do que setenta e cinco milhões de turistas estrangeiros. Além das razões habituais para se escolher nosso país como destino turístico, somaram-se aí os graves problemas ocorridos em outros lugares, o que aumentou notavelmente o número de visitantes, que, em geral, já é muito alto. Os meios de comunicação foram dando a notícia com um entusiasmo quase eufórico, relatando os números um mês após o outro, e, com o mesmo entusiasmo, receberam a notícia os ouvintes, porque o turismo é a principal fonte de receitas na Espanha há muito tempo, ainda mais depois do descalabro sofrido pelo penoso capítulo do desastre da crise econômica, financeira e política. Criar empregos, que poderiam deixar de ser precários pouco a pouco, aumentar as cifras da ocupação hoteleira, com tudo o que isso implica para bares, restaurantes e lojas de todo tipo, são algumas das promessas que o mundo do turismo sempre leva consigo.

Naturalmente, esses turistas vêm de outros países, são estrangeiros, e essa é uma excelente notícia. Inclusive em certas ocasiões pertencem a outras etnias e a outras raças, com todas as dificuldades imbricadas no problema do que são as etnias e as raças. De todo modo, se fosse necessário encontrar um adjetivo para designá-los, em português seria "estrangeiro", e em grego, *xénos*. Um termo infelizmente bem conhecido porque dá lugar ao vocábulo *xenofobia*, que significa rejeição, medo ou aversão ao estrangeiro, ao que vem de fora, ao que não é dos nossos, ao forasteiro.

Mas se isso é assim, surge uma pergunta que, curiosamente, ninguém propõe: esses turistas estrangeiros, ao virem para nosso país, despertam um sentimento de xenofobia na população espanhola, essa expressão que, infelizmente, está na moda? Eles se sentem rejeitados, produzem medo ou aversão, que é o que significa em grego o vocábulo *fóbos*?

Poucas vezes uma pergunta teve resposta tão fácil: não despertam a menor rejeição, mas justamente o contrário. As pessoas se esforçam para lhes atender nos hotéis, nas lojas, nos apartamentos, nas praias e nas casas rurais. Não apenas lhes explicam com todo detalhe o trajeto mais adequado quando perguntam um endereço, senão que os acompanham até o lugar correto. Interessam-se por fazer com que encontrem o que querem, igual ou melhor do que em sua própria casa. Que voltem é o desejo mais forte.

Impossível, portanto, falar aqui de *xenofobia*, por mais que o termo esteja constantemente na rua e nos meios de comunicação. Seria melhor falar em *xenofilia*, em amor e amizade pelo estrangeiro. *Por esse tipo de estrangeiro*.

Claro que tudo isso pode ser feito por cortesia, por um básico sentido de hospitalidade ante o que vem de fora, por um desejo natural de compartilhar com ele as praias, o clima bom e o patrimônio artístico. Afinal de contas, é antiga e bem trabalhada a tradição de hospitalidade no Oriente e no Ocidente e, especialmente, nos países do sul da Europa.

Entretanto, infelizmente e se bem pensado, essa atitude de acolhimento do forasteiro não é tão fundamental quando comparada a outros casos de pessoas que também vieram de fora da Espanha em 2016 e de muito antes. Vieram do outro lado do Mediterrâneo, apostaram a vida e muitas vezes perderam-na para chegar a esta suposta Terra Prometida, a União Europeia.

Só que, nesse caso, não se trata de turistas, dispostos a deixar dinheiro, mais ou menos segundo seus recursos e prodigalidade. Trata-se de refugiados políticos e de imigrantes pobres. *É um outro tipo de estrangeiro*. Seu êxodo vem de muito longe no espaço e no tempo. Não

INTRODUÇÃO

são o atrativo do sol e das praias, a beleza natural e artística que os trazem a nosso país, e muito menos nossa hospitalidade proverbial, que, com eles, deixa de sê-lo. São arrancados de seus lares pela guerra, pela fome e pela miséria. São colocados nas mãos de máfias exploradoras, embarcam em balsas e tentam por todos os meios chegar às nossas praias. Milhares deles morrem no mar e, para os que chegam, o suplício continua através de terras inóspitas, povos hostis, lugares de confinamento em péssimas condições e risco de deportação imediata. O único, ínfimo consolo, é que aqui não lamentam os potes do Egito, como fizeram os israelitas, segundo conta o livro do Êxodo.

Como sabemos, a crise dos refugiados políticos recrudesceu na Europa depois de 2007 e mais ainda de 2011 em diante, com o começo da guerra na Síria; ainda que também seja certo que, ao menos desde 2001, milhões de pessoas fogem de conflitos bélicos. Contudo, pode-se dizer que, junto com a chegada dos imigrantes pobres, a crise migratória na Europa após 2015 é a maior depois da Segunda Guerra Mundial. Seus protagonistas são pessoas desesperadas que fogem da Síria, Líbia, Afeganistão, Eritreia, Nigéria, Albânia, Paquistão, Somália, Iraque, Sudão, Gâmbia ou Bangladesh, sobretudo através da Grécia e da Itália. Suas histórias não são fictícias, mas contundentemente reais.

Os meios de comunicação dão notícia um dia após o outro, um mês após o outro, um ano após o outro, com a atonia, com o conformismo e com o discurso raso do que se conta como irremediável, quando na realidade não é.

É impossível não comparar o acolhimento entusiasmado e hospitaleiro com que se recebem os estrangeiros que vêm como turistas com a rejeição sem misericórdia para com a onda de estrangeiros pobres. Fecham-lhes as portas, levantam cercas e muros, impedem seu transpasso pelas fronteiras. Angela Merkel perde votos em seu país, inclusive entre os seus, precisamente por ter tentado mostrar um rosto amável e por persistir em sua fundamental atitude de humanidade; a Inglaterra se nega a receber imigrantes e aposta no *Brexit* para fechar suas portas; sobe prodigiosamente o número de votantes e afiliados dos partidos nacionalistas na França, Áustria, Alemanha, Hungria, Holanda; e Donald

Trump ganhou as eleições, entre outras razões, por sua promessa de deportar imigrantes mexicanos e de levantar um muro na fronteira com o México. Ao que tudo indica, alguns dos votos do presidente norte-americano provinham de antigos imigrantes, já instalados em sua nova pátria.

Realmente, não se pode chamar *xenofilia* o sentimento que despertam os refugiados políticos e os imigrantes pobres em nenhum dos países. Não é de modo algum uma atitude de amor e amizade pelo estrangeiro. Também não é um sentimento de *xenofobia*, porque o que produz a rejeição e a aversão não é que venham de fora, que sejam de outras raças ou etnias, não incomodam os estrangeiros pelo fato de serem estrangeiros, mas *incomoda, isso sim, que sejam pobres*, que venham a complicar a vida dos que, bem ou mal, vão se defendendo, que não tragam, aparentemente, recursos, mas, sim, problemas.

É o pobre que incomoda, o sem recursos, o desamparado, o que parece que não pode trazer nada de positivo ao PIB do país em que chega ou em que vive há muito tempo, o que, aparentemente, pelo menos, não trará mais do que complicações. É o pobre que, segundo dizem os despreocupados, aumentará os custos da saúde pública, tomará o trabalho dos nativos, será um potencial terrorista, trará valores muito suspeitos removerá, sem dúvidas, o "bem-estar" de nossas sociedades, nas quais indubitavelmente há pobreza e desigualdade, mas incomparavelmente em menor grau do que sofrem os que fogem das guerras e da miséria.

É por isso que não se pode dizer que esses são casos de xenofobia. São amostras palatáveis de *aporofobia*, de rejeição, aversão, temor e desprezo ao pobre, ao desamparado que, ao menos aparentemente, não pode devolver nada de bom em troca.

Sem dúvidas, existem a xenofobia e o racismo, o receio perante o estrangeiro, perante as pessoas de outra raça, etnia e cultura, a prevenção frente ao diferente. Infelizmente, sua realidade está mais do que comprovada com dados, assim como existem a misoginia, a cristianofobia, a islamofobia ou a homofobia. Ainda que algumas pessoas se queixem de que, na vida cotidiana, falamos em excesso sobre fobias, é certo que, infelizmente, existem e são patologias sociais que precisam de diagnóstico e terapia, porque acabar com essas fobias é uma exigência do respeito,

INTRODUÇÃO

não à "dignidade da pessoa humana", uma abstração sem rosto visível, mas às pessoas concretas, que são as que têm dignidade e não um simples preço.

De todo modo, não é dessas atitudes de rejeição de que queremos nos ocupar neste livro, mas dessa aversão que se encontra na raiz de muitas delas e que vai ainda mais longe: a *aporofobia*, o desprezo pelo pobre, o rechaço a quem não pode entregar nada em troca, ou, ao menos, parece não poder. E por isso é excluído de um mundo construído sobre o contrato político, econômico ou social desse mundo de dar e receber, no qual só podem entrar os que parecem ter algo de interessante para dar em retorno.

Ante qualquer oferta explícita ou implícita, a pergunta que alguém se faz a si mesmo como destinatário é: "e eu, o que ganho com isso?". Somos seres de carências e necessitamos supri-las com a educação, mas também com o que os demais podem nos dar. Desta necessidade, nasce o Estado de Direito, que dizem nos assegurar proteção se cumprirmos com nossos deveres e responsabilidades. Dela nascem as grandes instituições do mundo político, econômico e cultural, com o compromisso de cuidar dos cidadãos, que sempre são vulneráveis. Porém, os pobres parecem quebrar esse jogo de dar e receber, porque nossa mente calculadora percebe que não vão trazer mais do que problemas em troca, e, por isso, prospera a tendência de excluí-los.

Dessa realidade inegável e cotidiana da aporofobia, surge a necessidade de dar um nome para poder reconhecê-la, como também para buscar suas causas e propor alguns caminhos para superá-la. É disso que se trata este livro. Isso é importante porque a aporofobia é um atentado diário, quase invisível, contra a dignidade, o bem-estar social e o bem-estar das pessoas concretas que aqui se refere. Ademais, porque, enquanto atitude, ela possui um alcance universal: todos os seres humanos são aporófobos por raízes cerebrais, mas também sociais, que podem e devem ser modificadas, se é que levamos a sério ao menos estas duas chaves de nossa cultura, o respeito à igual dignidade das pessoas e à compaixão, entendida como a capacidade de perceber o sofrimento dos outros e de se comprometer a evitá-lo.

ADELA CORTINA

Como sempre, um livro está em dívida com muitas pessoas que, consciente ou inconscientemente, contribuíram para sua elaboração. Seus nomes irão aparecendo ao longo destas páginas, mas não quero deixar de mencionar, desde o começo, Emilio Martínez Navarro, que veio trabalhando nesse desafio da aporofobia desde que nasceu a ideia, tanto na teoria como na prática; e meu grupo de trabalho, que reúne professores e pesquisadores das universidades de Valência, Castellón, Múrcia e Politécnica de Valência: Jesús Conill, Domingo García-Marzá, Salvador Cabedo, Juan Carlos Siurana, Elsa González, José Félix Lozano, Agustín Domingo, Francisco Arenas, Sonia Reverter, Pedro Jesús Pérez Zafrilla, Javier Gracia, Pedro Jesús Teruel, Ramón Feenstra, Patrici Calvo, Lidia de Tienda, Daniel Pallarés, Joaquín Gil, César Ortega, Andrés Richart y Marina García Granero. Os debates, as discussões e o diálogo contínuo sobre os temas citados acima foram o húmus de que se nutriu este livro.

Por outro lado, o trabalho do grupo foi possível no âmbito dos Projetos de Investigação Científica e Desenvolvimento Tecnológico, FFI2013-47136-C2-1-P e FFI2016-76753-C2-1-P, financiados pelo Ministério da Economia e Competitividade, e nas atividades do grupo de pesquisa de excelência PROMETEO/2009/085, da *Generalitat Valenciana*. No meu caso, a Universidade de Valência me concedeu um semestre sabático durante o curso de 2015/2016 para a elaboração do livro, o que foi uma excelente ajuda.

A todos eles, meu mais cordial agradecimento.

Valência, janeiro de 2017.

Capítulo I
UMA CHAGA SEM NOME

Muitos anos depois, diante do pelotão de fuzilamento, o Coronel Aureliano Buendía havia de recordar aquela tarde remota em que seu pai o levou para conhecer o gelo. Macondo era então uma aldeia de vinte casas de barro e taquara, construídas à margem de um rio de águas diáfanas que se precipitavam por um leito de pedras polidas, brancas e enormes como ovos pré-históricos. O mundo era tão recente que muitas coisas careciam de nome e para mencioná-las se precisava apontar com o dedo.[2]

1. Da xenofobia à aporofobia

No começo deste romance extraordinário que é *Cem anos de solidão*, Gabriel Garcia Márquez recria o cenário do livro de Gênesis, mas dessa vez não o situa entre os rios Tigres e Eufrates, no Jardim do Éden, mas em Macondo, a aldeia colombiana em que transcorre a história da família Buendía. Como no texto bíblico, conta que na origem dos tempos muitas coisas careciam de nome, por isso, para mencioná-las era preciso apontar com o dedo.

---

[2] GARCIA MARQUEZ, Gabriel. *Cem anos de solidão*. 48ª ed. Rio de Janeiro: Ed. Record, 2018, p. 5.

Certamente, a história humana consiste, ao menos em certa medida, em ir dando nomes às coisas para incorporá-las ao mundo humano do diálogo, da consciência e da reflexão, ao ser da palavra e da escritura, sem as quais essas coisas não seriam parte de nós, sobretudo porque as casas de barro e taquara e as pedras polidas do rio podem ser apontadas com o dedo, mas como mencionar as realidades pessoais e sociais para poder reconhecê-las se elas não têm um corpo físico?

É impossível indicar com o dedo a democracia, a liberdade, a consciência, o totalitarismo, a beleza, a hospitalidade ou o capitalismo financeiro; assim como é impossível apontar fisicamente para a xenofobia, o racismo, a misoginia, a homofobia, a cristianofobia ou a islamofobia. Por isso, essas realidades sociais necessitam de nomes que nos permitam reconhecê-las para saber de sua existência, para poder analisá-las e tomar uma posição sobre elas. Caso contrário, se permanecerem nas brumas do anonimato, podem agir com a força de uma ideologia, entendida em um sentido próximo ao de Marx: como uma visão deformada e deformante da realidade, que a classe dominante ou os grupos dominantes de determinado tempo e contexto destilam para seguir mantendo sua dominação. A ideologia, quanto mais silenciosa, mais efetiva, porque nem sequer se pode denunciá-la. Distorce a realidade ocultando-a, envolvendo-a em um manto de invisibilidade, de modo que seja impossível distinguir as imagens das coisas. É por isso que a história consiste, ao menos em certa medida, em dar nomes às coisas, tanto as que se pode apontar com o dedo, como e sobretudo as que não se pode apontar porque formam parte da trama de nossa realidade social, não do mundo físico.

Assim ocorreu com a xenofobia ou com o racismo, que são tão velhos como a própria humanidade e que já contam com um nome para que se possa criticá-los. O peculiar desse tipo de fobia é que não são um produto de uma história pessoal de ódio de determinada pessoa com quem se viveu más experiências, seja através da própria história ou da história dos antepassados, mas se trata antes de algo ainda mais estranho. Trata-se da ojeriza por determinadas pessoas que na maioria das vezes não se conhece porque gozam da característica própria de um grupo

CAPÍTULO I - UMA CHAGA SEM NOME

determinado, considerado temível ou desprezível, ou ambas as coisas, por quem experimenta a fobia.

Em todo caso, quem despreza assume uma atitude de superioridade em relação ao outro, considera que sua etnia, raça, tendência sexual ou crença – seja religiosa ou ateia – é superior e que, portanto, a rejeição ao outro está legitimada. Este é um ponto central no mundo das fobias grupais: a convicção de que existe uma relação de assimetria, de que a raça, a etnia, a orientação sexual, a crença religiosa ou ateia de quem despreza sejam superiores às de quem é o objeto da rejeição. Por isso, o indivíduo se considera legitimado para atacar as atitudes e as palavras, as quais, no fim das contas, também são uma maneira de agir.

Essa tarefa de legitimar opções vitais mais do que duvidosas tem um papel importante em nosso cérebro interpretador, que se apressa em tecer uma história tranquilizante para poder permanecer em equilíbrio. Essa interpretação da superioridade é uma das que mais funcionam na vida cotidiana, ainda que essa superioridade presumida não tenha realmente a menor base biológica, nem cultural.

Como veremos no próximo capítulo, nos países democráticos, que se pronunciam em favor da igualdade em dignidade de todos os seres humanos, reconhecer os casos de xenofobia, racismo, homofobia, maltrato e combatê-los é uma tarefa que corresponde ao Direito e à polícia, e é uma tarefa muito árdua, não só porque raras vezes os crimes ou as incidências de ódio são denunciados, mas também porque não existe preparação suficiente para sua gestão. É verdade que em todos esses casos é muito difícil discernir quando as palavras ditas contra determinado grupo são, de uma forma ou de outra, um discurso que incorre em crime de ódio que deve estar legalmente tipificado e deve ser punido por incitar o ódio, e quando é um caso de liberdade de expressão. Mas o pior de tudo é que são abundantes os partidos políticos que apostam no discurso xenófobo como chave de identidade e como incentivo para ganhar votos. Infelizmente, isso dá bons resultados, sobretudo em épocas de crise, quando se valer de um bode expiatório é muito rentável para quem não tem nada de positivo a oferecer.

ADELA CORTINA

Sem dúvida, as atitudes xenófobas e racistas, que são tão velhas quanto a humanidade, apenas em algum momento histórico foram reconhecidas como tais, apenas em algum momento as pessoas puderam apontar com o dedo os seus nomes e avaliar a partir da perspectiva de outra realidade social, que é o compromisso com o respeito e a dignidade humana. É impossível respeitar as pessoas concretas e ao mesmo tempo atacar algumas delas pelo simples fato de pertencerem a um grupo, seja por atitude ou palavra, porque a palavra não só convida à ação de violar a dignidade pessoal, senão que ela também é uma ação.

Entretanto, apesar do termômetro da xenofobia ter subido uma grande quantidade de graus nos países da União Europeia, sobretudo a partir do começo da crise, ao se olhar a situação com mais profundidade, não está tão claro que, como comentamos, na raiz dessa ascensão se encontre apenas uma atitude como a xenofobia.

Para colacionar um segundo caso, além do mencionado na introdução deste livro, em 25 de junho de 2016, logo após se conhecer o resultado do referendo britânico, que se pronunciava a favor do *Brexit*, ainda que por uma margem muito pequena, a imprensa trouxe duas notícias interessantes que afetavam a Grã-Bretanha e a Espanha. Na Grã-Bretanha as pessoas se sentiam preocupadas, entre outras coisas, porque os imigrantes espanhóis que trabalhavam no setor sanitário eram compostos por uma cifra elevada de médicos e enfermeiros e eram de excelente qualidade. Tratava-se de imigrantes qualificados, muito bem formados, que permitiam engrossar o PIB do país e melhorar o bem-estar da população.

Naturalmente, por mais estrangeiros que fossem, não havia o menor interesse em expulsá-los, muito pelo contrário, era um alívio perceber que o processo de saída da União Europeia ia ser tão longo que não era necessário se preocupar com que esses profissionais tão bons tivessem de deixar o país. O famoso *in-in*, *out-out* ficou entre parênteses enquanto o pragmatismo de um lado ou outro aconselhou ir construindo muito lentamente o processo de separação. A célebre afirmação *Brexit is brexit* foi um belo rótulo para um vazio absoluto. Ninguém sabe em que irá consistir esse processo de saída da Grã-Bretanha

CAPÍTULO I - UMA CHAGA SEM NOME

da União Europeia que, ao que parece, ninguém quer, incluindo muitos dos que votaram pelo "sim" e depois denunciaram seus dirigentes por terem mentido.

Mas o mais notável é que, ao mesmo tempo, na Espanha, nos perguntávamos sobre a sorte de uma grande quantidade de imigrantes britânicos, domiciliados na costa espanhola, sobretudo ao sul e ao leste do país, que trazem bons recursos para a região onde se instalam. Claro que, nesse caso, os estrangeiros tinham as boas vantagens do sol e da seguridade social, mas também interessava à Espanha sua permanência em nossa terra. Curiosamente, também nesse caso, havia uma inquietação diante da incerteza sobre o processo que seria seguido pelo *Brexit*, dada a ambiguidade do famoso artigo 50 do Tratado da União Europeia.

Concluindo, os trabalhadores sanitários espanhóis bem formados interessam ao Reino Unido, e os aposentados britânicos que vêm para a Espanha para aproveitar o clima em seus últimos anos interessam à Espanha. Não há nem sombra de aversão em nenhum dos casos; não parece que seja o estrangeiro, pelo fato de ser estrangeiro, o que produz a rejeição. Talvez gere insegurança no tratamento, porque na diferença do idioma e dos costumes existe essa familiaridade que se tem com os de igual língua e tradições, mas não parece gerar aversão e rejeição.

Não são repugnantes os orientais capazes de comprar equipes de futebol ou de trazer o que, há algum tempo, se chamavam de "petrodólares", nem os futebolistas de qualquer etnia ou raça, que cobram quantidades milionárias, mas são decisivos na hora de ganhar competições. Não incomodam também os ciganos triunfantes no mundo do flamenco, nem rejeitamos os investidores estrangeiros que montam fábricas de automóveis em nosso país, capazes de gerar emprego, centros de lazer aos quais se dá permissão de fumar em suas instalações, além de muitos outros privilégios. E todo esse longo etecetera de aportes estrangeiros que aumentam o PIB.

Ao contrário, é certo que as portas se fecham ante os refugiados políticos, ante os imigrantes pobres que não têm a perder mais do que seus grilhões, ante os ciganos que vendem papéis em bairros marginalizados e buscam coisas nos lixos, quando na realidade são tão autóctones de nosso país quanto ós não ciganos, ainda que não pertençam à cultura majoritária. As portas da consciência se fecham ante os mendigos sem casa, condenados mundialmente à invisibilidade.

O problema não é, então, a raça, a etnia e nem mesmo o estrangeiro. O problema é a pobreza. O mais impressionante nesse caso é que há muitos racistas e xenófobos, mas quase todos são aporófobos.

É o pobre, o *áporos* que incomoda, inclusive o da própria família, porque se considera o parente pobre como uma vergonha que convém deixar de lado, ao passo que é um prazer ter o parente triunfante, bem situado no mundo acadêmico, político, artístico ou no dos negócios. É a fobia do pobre o que leva à rejeição às pessoas, raças e etnias que habitualmente não têm recursos e, portanto, não podem oferecer nada ou parecem não poder fazê-lo.

2. História de um termo

A convicção de que a rejeição ao pobre é mais extensa e profunda do que os demais tipos de aversão e é uma realidade pessoal e social contundente, como mostra à saciedade a vida cotidiana, foi o conteúdo de uma coluna que publiquei em um diário nacional há mais de um par de décadas. José Antonio Marina e eu compartilhávamos uma seção do *ABC Cultural* que levava o título "Criação ética". Ali oferecíamos, uma vez por semana, artigos, comentários de livros e colunas em referência ao extenso âmbito da ética, entendida ao modo anglo-saxão e francês como *morals* em sentido amplo, como a reflexão sobre a ação humana que inclui o que no mundo de fala hispânica se denomina por moral, mas também a economia e a política, assim como entendia Adam Smith, que, precisamente por ser professor de filosofia moral, ocupou-se dos sentimentos morais, mas também de averiguar qual é a causa da riqueza e da pobreza das nações. Política e economia formavam parte também de nossa "Criação ética", porque sem elas o mundo moral estaria mutilado.

Foi em 1º de dezembro de 1995 que publiquei uma coluna que levava o título de "Aporofobia". Referia-me nela a uma conferência euromediterrânea que ocorreria em Barcelona naqueles dias e que

CAPÍTULO I - UMA CHAGA SEM NOME

pretendia trazer à luz temas candentes dos países da área mediterrânea, temas que hoje ainda seguem pertinentes, como a imigração, o terrorismo ou os processos de paz, e aos quais se deveria somar a crise e o desemprego. Era fácil presumir que especialistas de todo o mundo diriam que o racismo, a xenofobia e os fundamentalismos religiosos são os maiores problemas da área mediterrânea. Mas eu entendia – e sigo entendendo – que, na base de todos esses problemas, estaria como sempre um tipo de rejeição, aversão e medo que tinha por destinatário os pobres, ainda que até aquele momento não fosse reconhecido com um rótulo.

Dar um nome a essa patologia social era urgente para poder diagnosticá-la com maior precisão, para tentar descobrir sua etiologia e propor tratamentos efetivos. Esse podia ser um objetivo muito próprio da cultura mediterrânea, acostumada desde Sócrates com o diálogo, que é, por definição, uma atividade inclusiva. Precisamente por isso, o diálogo de fins do século XX devia se ocupar de um tema tão urgente como o de incorporar os necessitados no proveito do que por nascimento lhes corresponde, no proveito de uma vida material e culturalmente digna.

Convencida de que não se rejeita tanto os estrangeiros quanto os pobres, busquei em meu dicionário grego dos tempos do bacharelado um termo para designar o pobre, o sem recursos, e encontrei o vocábulo *áporos*. Contando com ele, me permiti construir o termo "aporofobia", por analogia com "xenofobia" e com "homofobia".

Um segundo marco na história do nome foi um capítulo do livro que uma equipe de professores elaborou para o editorial Santillana e que foi publicado pela primeira vez em 1996. Domingo García-Marzá, María Begoña Domené, Emilio Martinez, Juan Manuel Ros, Norberto Smilg e eu mesma levamos adiante essa empreitada, que foi apaixonante. Tratava-se de *Ética: a vida moral e a reflexão ética*, um material didático do quarto ano do ensino secundário obrigatório e que tinha duas virtudes insólitas em nosso país: nenhum grupo político ou social jamais deu qualquer atenção a ele e ninguém exigiu que competisse no currículo escolar com qualquer outro material. Seria bom se tivesse continuado assim, como ética sem alternativa, pois nos teria economizado muitas disputas estéreis.

Como o título mostrava claramente, o livro se propunha a dois níveis de reflexão e linguagem: o da vida cotidiana, em que as pessoas se vinculam a distintas pautas de conduta moral, sejam ideais, normas ou projetos de vida feliz, e o da reflexão que a ética ou a filosofia moral falaram e falam sobre nosso "o que fazer?" moral da vida cotidiana, para tratar de encontrar fundamentos para as normas, os ideais ou os projetos.

O capítulo sexto do livro propunha um desafio decisivo para a dignidade das pessoas e para a convivência democrática: a discriminação social e econômica, que são fatos inegáveis. Após explicar que a discriminação é um fato social e em que ela consiste, o segundo ponto levava o título "Aporofobia: o rejeitado é o pobre e o descapacitado". Acompanhado pelo extraordinário texto de Eduardo Galeano, "Os ninguéns", o capítulo analisava o mal da aporofobia e sugeria como solução o que vamos tentar esboçar neste livro brevemente, que é a construção da igualdade a partir da educação e das instituições.

Em continuação, o texto também tratava de outras formas de discriminação social, como o racismo ou a homofobia, mas também a rejeição que sofre um bom número de pessoas por outras características menos presentes quando se fala de exclusões, como a aparência física ou a velhice. A mensagem era clara: uma cultura moral e política baseada no respeito à igual dignidade de todas as pessoas, deveria superar essas formas de discriminação cotidiana.

Um terceiro marco na história que viemos contando sobre o termo "aporofobia" foi um artigo que publiquei no *El País* em 7 de março de 2000. Nele eu submetia à Real Academia Espanhola o neologismo "aporofobia" para que fosse incluído no *Dicionário da Língua Espanhola*. Seguindo as pautas do dicionário, propunha que figurasse nele com a seguinte caracterização: "diz-se do ódio, repugnância ou hostilidade ante o pobre, o sem recursos, o desamparado". Acrescentei que aquele parênteses ilustrativo que sempre segue ao vocábulo poderia dizer: "(Do gr. *Á-poros*, pobre, e *fobéo*, aversão)".

É uma expressão que, como acredito, não existe em outras línguas e nem tenho tanta certeza de que seja a melhor forma de construí-la.

CAPÍTULO I - UMA CHAGA SEM NOME

Mas é indubitável que seja urgente dar nome a essa rejeição do pobre, do desamparado, porque essa atitude tem uma força na vida social que é ainda maior, precisamente porque atua a partir do anonimato. Justamente porque sua realidade incontestável não tem uma existência reconhecida, é que não se pode ser desativada.

Sem dúvidas, a Real Academia Espanhola utiliza critérios para introduzir uma nova palavra em um dicionário tão rico que acolhe com todo acerto expressões de todos os países que falam espanhol. Pelo que sei, os critérios mais comuns são que o termo apareça em obras clássicas da língua espanhola ou que proceda de uma língua estrangeira e que tenha passado a ser usada de modo habitual. De fato, uma grande quantidade de palavras inglesas foi incorporada nos últimos tempos ao acervo de nossa língua. Mas, a meu ver, deveria existir uma razão, tão poderosa ou ainda mais do que as mencionadas, que é a de designar uma realidade tão efetiva na vida social que essa vida não pode ser entendida, cabalmente, sem contar com ela.

Infelizmente, a vida cotidiana não pode ser compreendida sem se dar nome a esse mundo de fobias como as mencionadas, as quais, como veremos, consistem na rejeição a pessoas concretas por terem uma característica que as inscreve em um determinado grupo que se despreza ou se teme, ou ambas as coisas, precisamente por ter essa característica. Neste mundo existe a rejeição ao pobre, a aporofobia.

Conviria, pois, atender a um critério tão dificilmente discutível como o de dar nome a uma realidade social que é tão presente e dolorosa. Não para engrossar as páginas do dicionário, mas para ajudar a reconhecê-la, para incentivar o estudo de suas causas e para ver se a aceitamos ou se, pelo contrário, é preciso superá-la. É necessário fazer isso porque a rejeição ao pobre degrada quem o pratica e é um atentado cotidiano contra a dignidade de pessoas concretas, que têm nomes e sobrenomes. Não "contra a dignidade humana", que é uma abstração, mas contra a dignidade e o bem-estar das pessoas de carne e osso que sofrem essa rejeição. Como nos propomos a defender neste livro, não há ninguém que não possa dar algo em troca. É nesse aspecto que insiste Emilio Martínez, autor do verbete "aporofobia" no *Glosario para una sociedad intercultural*, que a Fundação Bancaja publicou em 2002.

Para ir dando fim ao relato, convém apontar que o termo "aporofobia" despertou o interesse de muita gente comprometida em empoderar os pobres. Organizam-se congressos e encontros de organizações cívicas com esse rótulo; a Fundação RAIS faz uso dele para explicar melhor as situações de violência em que as pessoas sem-teto se veem submetidas, como comentaremos no próximo capítulo; também recorrem a ele algumas análises recentes sobre as políticas de integração dos imigrantes na Europa, como as publicações do professor Silveira Gorski; o rótulo se encontra ainda nos meios de comunicação para caracterizar a conduta de maltrato a mendigos e indigentes; e, inclusive, foi tomado como tema de estudo em algum trabalho de conclusão de curso. De sua parte, a Wikipédia acolheu o termo em seu dicionário, e o Ministério do Interior também o utiliza para tipificar um delito de ofensa aos pobres.

Mas o mais significativo, a meu ver, é que quando falo de aporofobia em uma palestra, em uma conferência ou em uma conversa em um lado ou outro do Atlântico, os ouvintes, sejam jovens ou velhos, riem e concordam com absoluta cumplicidade, como que dizendo: "Sim, é verdade, isso é o que ocorre na vida diária".

Ortega dizia que o que ocorre é que não sabemos o que nos ocorre, por isso é muito importante ir tomando consciência do que nos ocorre também nessa cotidiana rejeição do pobre, porque quando percebo a sintonia das pessoas ao explicar o que é essa coisa de aporofobia, me dou conta de que estamos lidando com uma realidade muito nossa, demasiado nossa.

Conhecer-se a si mesmo era o conselho socrático com que começou o primeiro Iluminismo, surgido na Grécia clássica. Em uma linha semelhante, caminhava o convite kantiano a servir-se da própria razão no segundo Iluminismo que iluminou o Século das Luzes. Saber cada vez mais sobre nós mesmos, reconhecer que existe essa forma de discriminação, a que dei o nome de "aporofobia" na falta de um melhor, perguntar por suas causas e buscar caminhos viáveis para superá-la são

CAPÍTULO I - UMA CHAGA SEM NOME

alguns dos desafios do nosso tempo. O nome é apenas um caminho para o reconhecimento, porque, como dizia um excelente professor meu, Fernando Cubells, as questões de palavras são solenes questões de coisas.

Ao longo deste livro, tentaremos oferecer um antídoto frente a essa chaga, que requer o concurso da educação formal e informal e a construção de instituições que caminhem nessa direção. Esse antídoto será o respeito ativo à igual dignidade das pessoas na vida cotidiana, o que exige o reconhecimento cordial dessa dignidade. E será o cultivo da compaixão, mas não de qualquer forma de compaixão, mas daquela que Stefan Zweig descrevia no começo de seu esplêndido romance *Coração impaciente* com as seguintes palavras:

> Existem duas classes de compaixão. Uma covarde e sentimental que, na verdade, não é mais do que a impaciência do coração para se livrar o quanto antes da emoção incômoda que causa a desgraça alheia, aquela compaixão que não é compaixão verdadeira, mas uma forma instintiva de afugentar a pena estranha da própria alma. A outra, a única que importa, é a compaixão não sentimental, mas produtiva, a que sabe o que quer e está disposta a compartilhar o sofrimento até o limite de suas forças e mais além desse limite.[3]

O reconhecimento da igual dignidade e a compaixão são duas chaves de uma ética da razão cordial e são inegociáveis para superar esse mundo de discriminações inumanas.[4]

---

[3] ZWEIG, Stefan. *Coração impaciente*. Rio de Janeiro: Livr. Civilização, 1960, p. 7.
[4] CORTINA, Adela. *Para qué sirve realmente la ética?* Barcelona: Paidós, 2013.

Capítulo II
OS CRIMES DE ÓDIO AO POBRE

1. A chave do ódio: o que despreza ou o desprezado?

Em 17 de março de 2016, vários diários espanhóis relataram um fato embaraçoso que havia ocorrido em Madrid no dia anterior. Um bom número de pessoas se encontrava na *Plaza Mayor* desfrutando de um dia de sol antes do começo de uma partida de futebol entre Atlético de Madrid e PSV Eindhoven da Holanda. Um grupo de mendigas ciganas pedia esmolas na praça e ali entraram também torcedores da equipe holandesa. Com uma atitude de prepotência, os torcedores davam esmolas às mulheres, mas humilhando-as e jogando moedas, obrigando-as a dançar e fazer flexões em sua frente. Jornalistas de diferentes jornais qualificaram o caso como uma expressão de aporofobia e pediram a opinião de distintas pessoas: a de Emilio Martínez, a minha e a de membros do *Observatorio Hatento* e da *Fundación Secretariado Gitano*. Todos convieram em qualificar o fato como uma amostra evidente de discriminação, aporofobia e machismo, amostra que torna vulnerável o direito à dignidade de que todo ser humano é titular, e acrescentamos outras observações situadas nessa mesma linha.

Entretanto, os primeiros comentários que apareceram na rede na sequência do relato do diário *El Mundo* se mostravam contrários a nossas apreciações. Um dos comentaristas dizia ter sido testemunha do fato e assegurava que as mulheres não estavam mendigando, mas, sim, roubando, que eram bandos de ciganas romenas a enganar turistas e espanhóis em vez de trabalhar. Afirmava categoricamente: "É uma chaga que dá à Madrid uma imagem vergonhosa". Lamentava também que elas eram tomadas por vítimas e concluía com uma apreciação sarcástica: "Nesse ritmo o Governo vai lhes dar uma ajuda (e não falo de brincadeira)". Um segundo comentarista opinava que os torcedores talvez sentissem aporofobia porque viram reportagens sobre a questão e porque não estão acostumados a serem incomodados em seus momentos de ócio com acordeões barulhentos e pedidos de esmola. A pergunta parece se impor: onde reside a causa das fobias, no que despreza ou no desprezado?

Nesse caso não é muito difícil responder à questão, porque alguém que recebe um pedido de esmola pode não dar por diversos motivos que não guardam relação alguma com a rejeição ou o desprezo. Pode preferir colaborar com organizações solidárias que estão atentas às necessidades sociais e prestam ajuda com reconhecimento de causa e sentido de justiça, e não promover o pedido de esmola que é sempre degradante. Pode pressionar a Prefeitura de sua cidade para que faça uso do dinheiro público para atender às necessidades básicas como uma prioridade indiscutível. Mas o que não se deve fazer em nenhuma hipótese é a humilhação, a prepotência, esse miserável sentimento de superioridade de quem não tem nada a mais em termos de dignidade do que a sua vítima. A fonte de onde surge o ódio e o desprezo é o que odeia e não o odiado.

Em seu livro *O discurso do ódio*, André Glucksmann defende a convicção de que o ódio existe, que é preciso superar o "bom mocismo" e aceitar a existência do ódio, e dedica as três partes do texto à análise de três versões do ódio, que são atuais e ao mesmo tempo de tradição antiga: o antiamericanismo, o antissemitismo e a misoginia. Nos três casos, entende Glucksmann que a chave do ódio reside em quem odeia, não no coletivo objeto do ódio, "a chave do antissemitismo – afirma – é o antissemita, não o judeu".[5] Adotaremos esta chave de compreensão

---

[5] GLUCKSMANN, André. *O discurso do ódio*. Algés: Difel, 2007, p. 96.

CAPÍTULO II - OS CRIMES DE ÓDIO AO POBRE

ao longo deste livro porque quem leva incorporada uma fobia sempre a justifica culpando o coletivo desprezado, o que não deixa de ser uma desculpa.

2. Crimes de ódio, discurso de ódio: duas patologias sociais

Em novembro de 2015, recebi uma carta de Luis Carlos Perea, diretor de Desenvolvimento Estratégico da Fundação RAIS, na qual comentava que o conceito de aporofobia estava sendo útil em sua fundação para explicar melhor e concretamente determinadas situações de violência que as pessoas sem-teto sofrem. O *sem-tetismo* é um problema social sangrento, porque mostra um grau extremo de vulnerabilidade dos que padecem desse mal. Quem não tem sequer a proteção de uma casa, por mais precária que seja, não possui nem um mínimo de intimidade para sua vida cotidiana, nem goza também de uma ínfima proteção frente às agressões externas e tratamentos degradantes, está à disposição de qualquer descerebrado com vontade de se divertir um pouco à sua custa ou de qualquer ressentido desejoso de despejar seu rancor em alguém. Carecer de um lar supõe uma ruptura relacional, laboral, cultural e econômica com a sociedade, é uma clara situação de exclusão social. O *sem-tetismo* é a expressão de uma suprema vulnerabilidade.

Junto com outras organizações, a RAIS havia impulsionado a criação de um Observatório de Delitos de Ódio contra os Sem-Teto, que leva o nome de Hateto. A partir dessa plataforma, levaram a cabo uma investigação com um grupo de pessoas sem-teto, que demonstrou resultados alarmantes. Segundo o texto que divulgava esses resultados, uma em cada três pessoas sem-teto foi insultada ou recebeu um tratamento vexatório, e uma em cada cinco foi agredida fisicamente. Em relação aos agressores, destaca que quase 30% deles são pessoas jovens que "estão se divertindo".

De sua parte, a Cáritas, a FACIAM (*Federación de Asociaciones de Centros para la Integración y Ayuda a Marginados*) e a fePsh (*Federación de Entidades de Apoyo a las Personas sin Hogar*) lançaram, em 27 de novembro de 2016, uma campanha com o lema "Ninguém sem teto", que incidia fundamentalmente em quatro pontos: que ninguém durma na rua; que ninguém viva em alojamentos de emergência por um período superior ao necessário; que ninguém resida em alojamentos temporários mais do que o estritamente necessário; e que nenhum jovem termine sem casa como consequência da transição para a vida independente. Segundo o relatório da Cáritas Espanhola, *¿En qué sociedad vivimos?,* há quarenta mil pessoas sem teto em nosso país.

Essa situação de carência e vulnerabilidade é já em si mesma um resultado da aporofobia, da atitude de desprezo ao pobre, de desatenção generalizada. Porém, todas as atitudes em determinadas condições podem chegar a ser delitos por ação, e não apenas por omissão; nesse caso, contra as pessoas em situação de exclusão ou em risco de exclusão. Esses delitos recebem hoje em dia um nome muito significativo, o de *crimes de ódio (hate crimes).* Segundo o Ministério do Interior, pela expressão de "crimes de ódio" se pode entender:

> todas aquelas infrações penais e administrativas, cometidas contra as pessoas ou a propriedade por questões de 'raça', etnia, religião ou prática religiosa, idade, deficiência física, orientação ou identidade sexual, situação de pobreza e exclusão social, ou qualquer outro fator similar, como as diferenças ideológicas.[6]

A partir de uma perspectiva sociológica, podem ser entendidos como "atos de violência, hostilidade e intimidação, dirigidos a pessoas selecionadas por sua identidade, que são percebidas como 'diferentes' pelos que atuam dessa forma".[7]

Segundo o relatório da Hatento, estreitamente ligados a esse tipo de delitos se encontram outros dois tipos de patologias sociais, os incidentes de ódio e o discurso de ódio.

---

[6] SECRETARIA DE ESTADO DE SEGURIDAD DEL MINISTERIO DEL INTERIOR. *Informe sobre incidentes relacionados com os crimes de ódio na Espanha,* 2014, p. 3.
[7] CHAKRABORTI, Neil. "Hate crime victimisation". *International Review of Victimology,* Newbury Park, n. 12, 2011, pp. 1-4.

CAPÍTULO II - OS CRIMES DE ÓDIO AO POBRE

Os *incidentes de ódio* se produzem quando há constância de um comportamento de desprezo e maltrato a certas pessoas por pertencerem a um determinado coletivo, mas esse comportamento não cumpre o requisito de estar tipificado como crime. Obviamente, o fato de que não possam ser considerados crimes não lhes retira importância, não apenas porque podem degenerar em condutas criminosas, mas, sobretudo, porque o âmbito moral é mais amplo que o do Direito, e tanto a atitude de desprezo aos outros como as atuações mais contundentes são expressões de um caráter mal formado, de uma situação degradada.

Quanto ao *discurso de ódio (hate speech)*, é também, infelizmente, tão antigo quanto a humanidade. Ele consiste em qualquer forma de expressão cuja finalidade seja propagar, incitar, promover ou justificar o ódio a determinados grupos sociais, a partir de uma posição de intolerância. Com este tipo de discurso se pretende estigmatizar determinados grupos e abrir as portas para que possam ser tratados com hostilidade. De fato, o Comitê de Ministros do Conselho da Europa o define como "toda forma de expressão que difunda, incite, promova ou justifique o ódio racial, a xenofobia, o antissemitismo ou outras formas de ódio baseadas na intolerância".[8]

---

[8] A Recomendação n. 7 da Comissão Europeia contra o Racismo e a Intolerância (ECRI) (2007) identifica os discursos de ódio com as expressões que, difundidas intencionalmente, impliquem incitação pública à violência, ao ódio ou à discriminação, assim como insultos, difamações públicas por razão de raça, cor, língua, religião, nacionalidade ou origem nacional ou étnica. Aparece na parte IV, dedicada ao Direito Penal, em que entende que a legislação deveria penalizar a incitação pública à violência, bem como o ódio ou a discriminação, os insultos em público e a difamação ou as ameaças contra uma pessoa ou categoria de pessoas por sua raça, cor, idioma, religião, nacionalidade ou origem nacional ou étnica. A definição de que o Tribunal Europeu de Direitos Humanos recorre sobre o discurso de ódio é a que aparece na Recomendação 20 (1977) do Comitê de Ministros do Conselho da Europa, que abarca "toda forma de expressão que propague, incite, promova ou justifique o ódio racial, a xenofobia, o antissemitismo e qualquer outra forma de ódio, fundado na intolerância, incluindo a que se expressa em forma de nacionalismo agressivo e etnocentrismo, a discriminação e hostilidade contra as minorias, os imigrantes e as pessoas nascidas da imigração". REY, Fernando. "Discurso del odio y racismo líquido". *In:* REVENGA, Miguel (dir.). *Libertad de*

Como se vê, o número de exemplos é estonteante. A xenofobia, a aversão extrema ao estrangeiro; a homofobia, o ódio aos homossexuais; a fobia a muçulmanos, cristãos ou povos de qualquer religião; e também a aporofobia, o desprezo ao pobre e indigente formam parte desse catálogo de grupos aos quais se dirige o discurso do ódio.

Certamente, distinguir entre o discurso e o crime não é tarefa fácil. A diferença essencial consistiria em que os crimes são atos delituosos motivados pela intolerância e o sentido de superioridade do agressor e que devem reunir ao menos dois requisitos: o comportamento deve estar tipificado como crime no Código Penal e pode consistir em um maltrato vexatório ou em uma agressão física, entre outras coisas; e a motivação do ato deve se basear em um preconceito contra um determinado grupo social.[9] O crime implica, então, uma infração penal ou administrativa.

Realmente, na prática cotidiana é extremamente difícil distinguir entre o discurso e o crime, como veremos mais adiante. No momento trataremos de esmiuçar as características comuns a essas patologias sociais que se consideram motivadas pelo ódio. Para fazer isso, pode ajudar uma fábula de La Fontaine, que André Glucksmann recorda em seu livro *O discurso do ódio*.

3. A fábula do lobo e do cordeiro

Há uns meses, ao acabar de pronunciar uma palestra em um congresso sobre esse tema, um colega me perguntou se o discurso e o crime de ódio não podem ser, no fim das contas, expressão de um sentimento de injustiça, a reação indignada de quem foi maltratado por pessoas de um determinado grupo ou de uma determinada classe. Tinha razão, ao menos em parte, porque não é estranho que

---

expresión y discursos del ódio. Madrid: Cátedra de Democracia y Derechos Humanos, 2015, p. 53, nota 4.

[9] OBSERVATORIO HATENTO. *Muchas preguntas. Algunas respuestas. Los delitos de odio contra las personas sin hogar*. Madrid: RAIS Fundación, 2015, p. 29. Disponível em: www.hatento.org. Acesso: 15 jun. 2020.

CAPÍTULO II - OS CRIMES DE ÓDIO AO POBRE

reajam violentamente aqueles que foram agredidos e ofendidos. Uma reação semelhante não tem porque ser a expressão de um ódio injustificado, senão que bem pode ser o resultado de um sentimento profundo de injustiça que alenta um ódio pulsante e explode em indignação. Sem dúvida, as injustiças sofridas pessoalmente ou por grupos inteiros, humilhados e ofendidos, produzem indignação e podem se cristalizar em ódio. Porém, não é a esse tipo de ódio que se referem os crimes e os discursos de que falamos, porque esses se caracterizam precisamente por não se dirigirem contra pessoas que poderiam ter causado um dano, senão, indiscriminadamente, contra um grupo. Naturalmente, as agressões podem se dirigir a pessoas concretas, mas não por serem elas próprias, senão que por pertencerem a um grupo. Não se dirigem contra "esta pessoa", mas contra "um mendigo", "um refugiado", "uma mulher", "uma cristã" ou "uma muçulmana". A fábula de La Fontaine que Glucksmann cita em seu livro é esclarecedora nesse sentido porque contém, a meu ver, os traços dessas patologias.

Como costuma acontecer nas fábulas, as personagens são dois animais, um lobo e um cordeiro que, para dizer de algum modo, estabelecem um diálogo. "Para dizer de algum modo" porque, na realidade, é um monólogo, no qual o lobo leva o peso do discurso, enquanto o cordeiro é como uma parede, que não tem mais protagonismo do que permitir que o discurso ecoe. A fábula diz assim:

> *— ... E sei que de mim falaste mal o ano passado.*
> *— Como pude fazê-lo se não havia nascido? — disse o cordeiro. Ainda mamo em minha mãe.*
> *— Se não fostes tu, foi teu irmão.*
> *— Não tenho.*
> *— Pois foi um dos teus:*
> *Porque não me deixais tranquilo,*
> *Vós, vossos pastores e vossos cachorros.*
> *Disseram-me: tenho que me vingar.*
> *Lá em cima, no fundo dos bosques*

Leva o lobo, e logo o come
Sem mais juízo que esse.

Certamente, o discurso do lobo é um exemplo notável do que significa o discurso do ódio, mas também o crime de ódio, porque reúne características que o distinguem de outros tipos de discursos e crimes.

Em princípio, o discurso se dirige contra um indivíduo, não porque esse indivíduo tenha causado dano algum ao falante, mas porque goza de um traço que o inclui em um determinado coletivo. No coletivo dos "teus", que é diferente dos "nossos". Nesse caso, os "teus" são os cordeiros; em outros casos, são as pessoas de outra raça (racismo), de outra etnia (xenofobia), de outro sexo (misoginia), de outra tendência sexual (homofobia), de uma determinada religião (cristianofobia ou islamofobia) ou de um estrato social precário (aporofobia).

Os torcedores do PSV não conheciam as mulheres que pediam esmola na *Plaza Mayor*, nenhuma delas lhes havia causado dano, nem a eles e nem às pessoas que tomavam sol na praça, mas pertenciam a um coletivo, o dos mendigos, que eles deviam considerar desprezíveis pelo modo como se comportaram.

Essa característica diferencia os discursos e crimes de ódio de outras violações, porque as vítimas não são selecionadas pela sua identidade pessoal, mas por pertencerem a um coletivo, dotado de um traço que produz repulsão e desprezo nos agressores. Cada uma das vítimas poderia ser trocada por outra do grupo com a que compartilha o traço ao qual se dirigem a intolerância e a rejeição do agressor. É o caso das pessoas que professam uma determinada religião, compartilham uma determinada ideologia, formam parte de alguma raça ou etnia ou grupo desprezado pelos delinquentes. Por isso, não é necessário ter tido alguma relação anterior com a pessoa agredida, ela pode ser totalmente desconhecida para o agressor, porque a causa da agressão é o desprezo a essa característica determinada, e não alguma experiência pessoal ruim anterior.

CAPÍTULO II - OS CRIMES DE ÓDIO AO POBRE

Infelizmente, há infinitos exemplos. O diário El País dava a notícia, em 11 de outubro de 2016, de que dois indivíduos de 29 e 28 anos haviam tentado queimar uma indigente em Daroca, enquanto ela dormia na intempérie. Foram os vizinhos que apagaram o fogo com baldes de água e auxiliaram a mulher. Assim, poderíamos multiplicar ao infinito as expressões desse ódio frente ao desvalido, que não causou nenhum dano ao agressor. Por outro lado, um artigo do La Vanguardia, de 2015, sobre o assunto tratava de três casos muito expressivos. A presidenta do VOX, em Cuenca, havia recebido um ataque por parte dos que desprezavam sua posição política, pessoas incapazes de tolerar uma ideologia distinta da sua, até o ponto de chegar à violência física contra uma pessoa concreta. Em Granada, um homem sem casa havia sido espancado pela simples "razão" de aporofobia. Em Almería, um jovem gay havia sofrido uma agressão por uma "razão" de homofobia nesse caso (28 de agosto de 2015).

A misoginia, a aversão às mulheres que se plasmou e se plasma em uma opressiva quantidade de ideologias, está na raiz do empenho em impedir o acesso das mulheres à vida pública, em relegá-las a cumprir um papel na família, no convento ou no bordel, sem permissão para sair na rua senão com um homem, tendo que pedir autorização para ir ao exterior, sem direito a voto e sofrendo esses massacres maciços que seguem sendo perpetrados em diversos países pelo fato de serem mulheres.[10] Não por ser "esta mulher", mas por ser *uma* mulher".

O mesmo ocorre quando o crime é cometido contra *um* homossexual, *um* transexual, *um* muçulmano, *um* judeu, *um* cristão ou *um* pobre pelo fato de sê-lo. Claro que o dano é dirigido contra um grupo determinado de pessoas não por serem elas, mas por ser uma, um, uns, umas. Esse insofrível artigo indeterminado que parece justificar qualquer atropelo contra as pessoas concretas, machucá-las física e moralmente, privá-las de autoestima, da vida ou do acesso à participação pública.

---

[10] "Mujer, economía familiar y Estado del Bienestar". *In:* TEJEIRO, José Barea. *Dimensiones económicas y sociales de la família.* Madrid: Fundación Argentaria, 2000, pp. 253-268.

Isso ocorre nos lugares mais comuns, nas universidades, nas empresas, na política, quando se eliminam possíveis competidores, não demonstrando sua falta de competitividade, mas desacreditando-os através desse inapresentável mundo de *rumores*, em que têm tanto êxito os artigos indeterminados, apresentados na forma de "é um/uma", "pertence a". Por isso, é tão importante em cada um dos casos da vida cotidiana tratar de detectar com fino olfato quem são as vítimas, porque, muitas vezes, não é evidente.

Uma segunda característica dos crimes de ódio é que se estigmatiza e difama um coletivo atribuindo-lhe atos que são prejudiciais à sociedade, ainda que seja difícil de comprová-los, se não impossível, porque em certas ocasiões remetem a uma história remota que foi gerando preconceito ou se formam através de murmúrios e fofocas.

Os lobos podem relatar histórias sobre os pastores e sobre os cachorros dos rebanhos que desacreditem todos eles, sem a necessidade de que tenham sequer nascido. Uma boa parte da população rejeita qualquer mendigo, porque lhes disseram que, na realidade, eles pertencem a máfias e, em geral, incomodam; os antissemitas contam com um "sem-fim" de lendas obscuras sobre os judeus; e os que desprezam as religiões recordam as façanhas das diversas inquisições que atuaram nos séculos anteriores e guardam um silêncio suspeito sobre as atuais inquisições que nada têm a ver com a religião. Por isso, a questão não é "este cordeiro", "esta mendiga", "este judeu", "este cristão", com seus nomes e sobrenomes, mas a dissolução da pessoa no coletivo.

Em terceiro lugar, situa-se o coletivo na mira do ódio precisamente porque as lendas obscuras pretendem justificar a incitação ao desprezo que a sociedade deveria sentir de determinado coletivo, segundo os inventores dessas lendas. Em certas ocasiões, promovem ações violentas contra seus membros. "Disseram-me: tenho que me vingar". É a mensagem de obediência a que o lobo se submete.[11] Repassar a história das incitações à violência contra minorias vulneráveis seria um conto sem fim.

---

[11] Essas três primeiras características eestão tomadas de: PAREKH, Bhikhu. "Hate speech: is there a case for banning?". IPPR, 2006. Segundo esse autor, os discursos de

CAPÍTULO II - OS CRIMES DE ÓDIO AO POBRE

Quem deseja se livrar de refugiados políticos e dos imigrantes pobres diz que eles vêm lhe tomar o trabalho, aproveitar-se da seguridade social e, nos últimos tempos, que estão incluídos em suas fileiras terroristas enviados pelo Estado Islâmico, dispostos a cometer atentados como os de Paris, Nice, Bruxelas, Frankfurt ou Berlim. Infelizmente, Donald Trump não é o único que pensa desse modo.

O caso do tunisiano Anis Amri, suspeito de ter causado o massacre de Berlim em 18 de dezembro de 2016, deu força aos partidos aporófobos e xenófobos, porque se tratava de um refugiado que desembarcou em Lampedusa em 2011 e foi acolhido em uma família por ser menor de idade. Nesses casos, a reação dos partidos e das pessoas que querem formar fileiras contra os pobres que vêm de fora é a de estender a suspeita e a rejeição a todo o coletivo de refugiados e imigrantes que vêm a nossas terras em condições sub-humanas. Esse é o elemento distintivo dos crimes de ódio, que não são dirigidos a cada pessoa por serem quem são, mas pelo coletivo a que pertencem.

Em quarto lugar, a pessoa que pronuncia o discurso ou que comete o crime de ódio está convencida de que existe uma *desigualdade estrutural* entre a vítima e ela, acredita que se encontra em uma posição de superioridade. Utiliza o discurso para seguir mantendo essa sensação de superioridade, como ocorre com a ideologia, entendida do modo marxiano como uma visão deformada e deformante da realidade que permite o grupo bem situado fortalecer essa "superioridade estrutural" e manter a identidade subordinada das vítimas.[12]

Dessa forma, não se trata apenas da dificuldade de construir uma sociedade pluralista, em que as pessoas possam compartilhar um mínimo de justiça e optar por distintas propostas de vida boa, de vida em plenitude. É verdade que não é fácil organizar a convivência em

---

ódio: 1) são dirigidos contra um determinado grupo de pessoas, sejam muçulmanos, judeus, indigentes, homossexuais etc.; 2) se estigmatiza esse coletivo, assinalando estereótipos preconceituosos; e 3) se considera que, em virtude dessas características, esse grupo não pode se integrar à sociedade e deve ser tratado com desprezo e hostilidade.

[12] CHAKRABORTI, Neil. "Hate crime victimisation". *International Review of Victimology*, Newbury Park, n. 12, 2011, pp. 1-4.

sociedades moralmente plurais, porque articular a diversidade sempre exige um fino trabalho de ourives.[13] Porém, no caso do ódio, não se trata só de diversidade, mas de convicção de que existe uma hierarquia estrutural em que o agressor ocupa o lugar superior, enquanto o agredido, o inferior.

É impossível compartilhar um mínimo de justiça, porque não existe uma relação de igualdade, não existe um reconhecimento da dignidade do agredido e do respeito que merece. Os crimes de ódio supõem uma violação flagrante do princípio supremo da ética moderna, que Kant oferece na Formulação do Imperativo Categórico do Fim em si Mesmo: "Faça de tal modo que trates a humanidade, tanto em tua pessoa como na pessoa de qualquer outro, sempre ao mesmo tempo como um fim e nunca somente como um meio". Frente a esse princípio, o agressor trata a vítima como um meio porque não lhe reconhece igual humanidade, igual dignidade; trata a vítima como um objeto, não como um sujeito que deve ser levado em conta.

Por último, outra das características do discurso do ódio, levando ou não a incitar a violência, é sua escassa ou nula argumentação, porque na realidade não pretende dar argumentos, mas expressar desprezo e incitar que isso seja compartilhado. "Sem mais juízos, o lobo o come" é o fim da fábula.

Obviamente os crimes de ódio impossibilitam o exercício da igualdade, que é um valor fundamental para as sociedades democráticas, chegando Ronald Dwokin a considerá-la a virtude soberana. Por isso, a meu ver, o caminho para superar os crimes e os discursos de ódio é a construção da igualdade a partir da educação, formal e informal, e a partir da conformação de instituições políticas e econômicas que a encarnem. Sem essa consciência da igualdade, que tem de ser racional e sensível, a dignidade das pessoas é inevitavelmente violada e é impossível construir uma sociedade justa. Mas também é inevitável recorrer ao Direito – Penal, Administrativo ou Antidiscriminatório – para castigar esse tipo

---

[13] CORTINA, Adela. *Ética mínima:* introducción a la filosofía práctica. Madrid: Tecnos, 2001.

CAPÍTULO II - OS CRIMES DE ÓDIO AO POBRE

de delito, não apenas porque o Direito tem uma função punitiva e restaurativa, mas também porque tem uma função comunicativa.

4. Estado e sociedade civil, uma cooperação necessária

> O principal risco para que uma pessoa sem-teto seja vítima de um incidente ou crime de ódio é se encontrar com outra pessoa que acredite que ela não merece seu respeito e esteja disposta a se comportar consequentemente com isso. Aqueles que cometem crime de ódio por aporofobia são os únicos responsáveis por suas condutas.[14]

Em 2016, o Ministério do Interior publicou o terceiro *Informe sobre incidentes relacionados con los delitos de odio en España*. O registro foi se aperfeiçoando, entre outras razões, porque as Forças e os Corpos de Segurança do Estado estão mais preparados para detectar esses tipos de delitos. Sem dúvida, um dos obstáculos para descobri-los é a dificuldade da polícia em apreciar quando as motivações se dão por ódio, aversão e rejeição, o que permite incluí-las como infrações penais ou administrativas sob esse rótulo. O objetivo do relatório é minimizar os riscos que sofrem determinados coletivos vulneráveis, conscientizar a sociedade e os meios de comunicação, adotar uma atitude de tolerância zero e reforçar a confiança das vítimas nos agentes do Estado.

No relatório se declara expressamente que é tarefa do Estado proteger os mais vulneráveis da sociedade, dentre os quais as vítimas de discriminação e de ódio. Dentre os crimes, trata expressamente da aporofobia como "ódio ou rejeição ao pobre". Consigna, dessa forma, aquelas expressões ou condutas de intolerância referidas ao "ódio, repugnância ou hostilidade ante o pobre, o sem recursos e o desamparado".[15]

Naturalmente, nos três relatórios que o Ministério elaborou sobre essa patologia social se vê uma evolução, porque, segundo o Anuário

---

[14] OBSERVATORIO HATENTO. *Muchas preguntas. Algunas respuestas. Los delitos de odio contra las personas sin hogar*. Madrid: RAIS Fundación, 2015, p. 28. Disponível em: www.hatento.org. Acesso: 15 jun. 2020.

[15] SECRETARIA DE ESTADO DE SEGURIDAD DEL MINISTERIO DEL INTERIOR. *Informe sobre la evolución de los delitos de odio en España*, 2015, p. 62.

Estatístico do Ministério do Interior, em 2013, registrou-se um total de 1.172 crimes de ódio, dos quais apenas quatro eram de aporofobia; em 2014, registraram-se 1.285 casos de crimes de ódio, dos quais 11 foram motivados por aporofobia; e em 2015, registraram-se 1.328 casos de crime de ódio, dos quais 17 eram de aporofobia.

Ante esses dados, o Observatório Hatento se pergunta, com toda razão, se realmente se produziu apenas esse número de agressões ou se o que ocorre é que as pessoas agredidas não denunciam, convencidas de que as autoridades não vão levar em consideração, ou porque têm medo de represálias, ou por nem sequer saberem que se trata de um crime denunciável e punível, ou por se sentirem culpadas e acreditarem que sua própria situação provoca atuações desse tipo, ou então por desconfiarem da polícia, temendo-a, inclusive, por se encontrarem em situação irregular. Ademais, como já comentamos, as forças policiais têm dificuldades para detectar esse tipo de crime, e, para os juízes, é muito complexa a tarefa de discernir se um incidente ou um crime é motivado por ódio, rejeição ou aversão ao sem recursos.

Por outro lado, os dados que procedem de distintos estudos são muito relevantes para se conhecer os perfis dos agressores. Segundo a NCH (*National Coalition for the Homeless*) dos Estados Unidos, nos estudos dos últimos quinze anos, 85% dos agressores tinham menos de trinta anos e 93% eram homens.

Entre 1º de dezembro de 2014 e 30 de abril de 2015, a Hatento levou a cabo uma pesquisa através de entrevistas com pessoas sem-teto.[16] Para realizá-las, levaram em conta, entre outras coisas, estes dois fatores: que existe uma desigualdade estrutural entre agressores e vítimas, o que obriga a vítima a ter uma identidade subordinada, e que a pessoa agredida perceba que a agressão ou a humilhação foi causada por sua situação de exclusão ou de falta de moradia. A Hatento

---

[16] OBSERVATORIO HATENTO. *Muchas preguntas. Algunas respuestas. Los delitos de odio contra las personas sin hogar*. Madrid: RAIS Fundación, 2015, p. 16. Disponível em: www.hatento.org. Acesso: 15 jun. 2020.

CAPÍTULO II - OS CRIMES DE ÓDIO AO POBRE

entrevistou 261 pessoas sem-teto e obteve resultados muito relevantes, como os seguintes.[17]

Cerca de 47,1% dos entrevistados sofreram algum incidente ou foram vítimas de um delito relacionado com a aporofobia em sua história enquanto sem-teto; 6 em cada 10 incidentes ou crimes ocorreram de noite ou de madrugada, especialmente quando a vítima estava dormindo; 87% das pessoas acusadas desses crimes ou incidentes eram homens; e 57% tinham entre 18 e 35 anos; em 28,4% dos casos, os responsáveis eram jovens que estavam se divertindo; segundo os dados, os agressores mais frequentes costumam ser os jovens (38,3% dos casos).

Passando à questão da atitude dos que presenciaram as agressões, 2 de cada 3 experiências analisadas foram presenciadas por outras pessoas; em 68,4% dos casos, as testemunhas não fizeram nada; em 36%, foram testemunhas acidentais; 8 em cada 10 não tomaram nenhuma iniciativa; e apenas 2,7% chamaram a polícia.

Apenas 15 pessoas das 114 que contaram com detalhe algum incidente ou crime de ódio apresentaram uma denúncia e em nenhum dos casos foi informado que houve alguma sentença condenatória; 70% dos que não denunciaram os fatos opinaram que denunciar não serve para nada; e 11% tinha medo de possíveis represálias dos agressores.

Diante de dados como esses, é preciso que os crimes de ódio sejam reconhecidos como tais e que sejam punidos com as penas correspondentes. Não apenas – como já sugerimos – pela função punitiva ou restaurativa que possa ter o Direito, mas muito especialmente pela inegável função comunicativa que tem em uma sociedade: a de fazer constar que essa sociedade não está disposta a tolerar determinadas ações, porque violam os valores que lhe dão sentido e identidade. Especificamente nesse caso, o respeito à igual dignidade de cada uma das pessoas concretas, com nome e sobrenome. Essa função comunicativa e pedagógica é importante.

---

[17] OBSERVATORIO HATENTO. *Muchas preguntas. Algunas respuestas. Los delitos de odio contra las personas sin hogar.* Madrid: RAIS Fundación, 2015, p. 16. Disponível em: www.hatento.org. Acesso: 15 jun. 2020.

Daí que, como indicam os relatórios, torna-se necessário formar a polícia para que iniba tanto quanto possível esse tipo de ação, mas, se o dano for feito, seja capaz de detectar quando a agressão contra determinadas pessoas não é um crime qualquer e sim um caso de aporofobia, de desprezo ao pobre por ser pobre, e que atenda e ajude a pessoa que sofreu o dano com todo cuidado, para que possa sentir e saber que está respaldada por sua sociedade. A atuação dos juízes nesse tipo de crime também tem que ser lúcida e equânime, além de, muito especialmente, acentuar a sensibilidade social sobre esses crimes para conseguir que sejam considerados o que são: inaceitáveis.

Porém, como tantas vezes, a tarefa da sociedade civil é imprescindível em sua função de denúncia, investigação e proposição, como fazem as organizações e as fundações de que falamos. Nesse trabalho de detectar situações de injustiça que o poder político não descobriu e nesse "o que fazer" de apoio às vítimas, de proximidade e aproximação, o Direito e o Estado são imprescindíveis, mas não bastam: é necessária a contribuição da sociedade civil. Nesse momento se trata de reivindicar um lar para todas as pessoas, que ninguém se veja obrigado a mendigar, que ninguém se veja submetido a máfias. Trata-se de erradicar a pobreza, de reduzir as desigualdades e de cultivar o sentimento de igual dignidade.

5. O pobre é, em cada caso, o que não é rentável

A aporofobia é um tipo de rejeição peculiar, diferente de outros tipos de ódio ou rejeição, entre outras razões porque a pobreza involuntária não é um traço da identidade das pessoas. Embora seja verdade que a identidade se negocia em diálogo com o entorno social, que não é estática, senão dinâmica, a etnia e a raça, com todas as dificuldades que supõe precisá-las, são um ingrediente para configurá-la. O sexo ou a tendência sexual também são dimensões que formam parte da identidade pessoal; e professar uma religião supõe para o crente uma opção em que aposta e que ninguém tem o direito de lhe obrigar a renunciar, assim como ninguém tem o direito de obrigar o agnóstico ou o ateu a simular que acredita naquilo em que não acredita.

CAPÍTULO II - OS CRIMES DE ÓDIO AO POBRE

A pobreza involuntária, entretanto, não pertence à identidade de uma pessoa, nem é uma questão de opção. Os que dela padecem podem se resignar e acabar agradecendo qualquer pequeníssima melhora de sua situação. É o que se chama de "as pequenas dádivas" e "preferências adaptativas", uma questão que é preciso denunciar criticamente porque supõe manter na miséria resignada os que nem sequer têm consciência dela, quando, na verdade, a pobreza econômica involuntária é um mal de que se padece por causas naturais ou sociais e que, a esta altura do século XXI, já pode ser suprimida. Chegar a essa questão foi uma tarefa de séculos, ao longo dos quais se foi produzindo uma evolução do entendimento de que os pobres são culpáveis por sua situação, responsáveis por ela, até se compreender que existem causas naturais e sociais que uma sociedade justa deve erradicar.

Desse modo, como pretendemos demonstrar mais adiante, tentar eliminar a aporofobia econômica exige educar as pessoas, mas muito especialmente criar instituições econômicas e políticas empenhadas em acabar com a pobreza a partir da construção da igualdade. Não apenas porque a pobreza involuntária é um mal, mas também porque as relações assimétricas constituem a base da aporofobia. Vamos nos ocupar dessa erradicação da pobreza com a redução das desigualdades em um capítulo posterior, mas, antes de entrar nele, é preciso cuidar de uma apreciação.

Em princípio, a pobreza é a carência dos meios necessários para sobreviver, porém não apenas isso. Neste livro, adotaremos a caracterização de Amartya Sen, segundo a qual a pobreza é a falta de liberdade, a impossibilidade de levar a cabo os planos de vida que uma pessoa tenha razões para valorizar. Como é conhecido e comentaremos mais adiante, Sen e também Nussbaum entendem que há certas capacidades básicas que todos os seres humanos deveriam poder exercer para levar adiante seus planos de vida. No entanto, queremos aqui assumir essa noção de pobreza e ir ainda mais longe, porque a aporofobia, enquanto crime, é o que comentamos, mas, enquanto atitude vital, é o *desprezo e a rejeição em cada caso àqueles em piores situações*, as quais podem ser econômicas, mas também sociais.

A tendência de tomar posição na vida cotidiana em favor dos que estão em melhores situações, dos que podem oferecer algum benefício, e de deixar os *áporoi* desamparados, os que não parecem poder oferecer muitas vantagens nem parecem ter capacidade para se vingar pelos danos sofridos, parece inscrita na natureza humana e é a fonte do sofrimento injusto. Tomar consciência disso e se perguntar se é esse tipo de pessoas que queremos é uma questão de humanidade ou inumanidade.

Por isso, é preciso descobrir as raízes profundas da aporofobia, tratar de investigar suas causas, averiguar se formam parte da natureza humana, de modo que os pobres sempre serão desprezados e, na realidade, é impossível mudar a atitude de rejeição perante eles. Ou, então, descobrir se existem caminhos pelos quais cada pessoa e cada sociedade possam mudar por entender e sentir que essa atitude é contrária à humanidade mais elementar. Esse é o desafio que enfrenta a educação moral, que deve vir acompanhada de instituições políticas e econômicas encaminhadas na mesma direção, porque não apenas as escolas, as universidades e as famílias educam, mas também as instituições econômicas e políticas e os meios de comunicação.

Antes, porém, trataremos da patologia irmã, o discurso de ódio, tão ligado ao incidente e ao crime de ódio e que, em certas ocasiões, incita a sua consecução e, em outras, é ele mesmo um delito.

Capítulo III
O DISCURSO DE ÓDIO

1. Um debate inevitável

A necessidade de debater sobre o que se convencionou chamar, com maior ou menor fortuna, de "discurso de ódio" (*hate speech*) se evidenciou em razão de muitos acontecimentos nesses últimos tempos, como o assassinato de doze pessoas do semanário *Charlie Hebdo* em janeiro de 2015, relacionado com as caricaturas de Maomé publicadas pouco antes; os desenhos satíricos que o mesmo semanário dedicou, em 2 de setembro de 2016, aos atingidos pelo terremoto de Amatrice, que causou 296 mortos, comparando-os com pratos da cozinha italiana; os discursos dos partidos políticos populistas na Europa com mensagens xenófobas e sobretudo aporófobas, por conta da crise dos refugiados políticos; a insultante campanha de Donald Trump, igualmente aporófoba e xenófoba, contra a imigração mexicana; os vídeos do Estado Islâmico com ameaças de morte e de conquista, assim como tantos outros discursos violentos no ciberespaço.[18]

---

[18] Este capítulo tem sua origem em uma conferência apresentada no I Workshop do Projeto de Investigação "Proteção das minorias frente aos discursos de ódio", dirigido por Juan A. Carrillo e Pedro Rivas, na Universidade Loyola da Andaluzia, em Sevilha, em 6 de outubro de 2016, e em minha intervenção na sessão da Real Academia de Ciências Morais e Políticas, em 25 de novembro de 2016.

Apesar de se referirem a coletivos muito diferentes e utilizando formas de expressão muito diversas (ironia, sátira, desprezo, incitação à violência ou séria ameaça), os discursos de ódio são na realidade tão antigos quanto a humanidade e tão extensos como a totalidade das culturas. Porém, nas sociedades com democracia pluralista, a novidade é agora tripla, porque, por um lado, esses discursos chegaram a ter um tratamento jurídico, podendo ser considerados em alguns casos como "crimes de ódio"; em segundo lugar, é quase impossível controlá-los legalmente no ciberespaço; e, por outro lado, uma sociedade madura se pergunta cada vez mais se esse tipo de discurso não é um obstáculo para se construir uma convivência democrática.

Certamente, o epicentro do debate nos países democráticos costuma se situar no conflito que pode ser produzido entre o exercício da liberdade de expressão de quem pronuncia o discurso presumivelmente danoso e o fato de que esse discurso atenta contra algum outro bem que essa sociedade deve proteger. A liberdade de expressão é, sem dúvida, um direito básico nas sociedades abertas que é preciso defender e potencializar, mas não é um direito absoluto, pois tem seus limites quando, com ele, viola-se algum outro direito ou bem básico.

Por exemplo, o artigo 20.4 da Constituição Espanhola, que se refere à liberdade de expressão e de informação, afirma expressamente que "essas liberdades têm seu limite no respeito aos direitos reconhecidos nesse Título, nos preceitos das leis que o regulam, e, especialmente, no direito à honra, à intimidade, à imagem e à proteção da juventude e da infância".[19] Precisamente porque os termos nesses casos costumam ser sumamente ambíguos, é necessário estabelecer limites e o debate se

---

[19] Título I. "Dos direitos e deveres fundamentais". O Pacto Internacional dos Direitos Civis e Políticos, art. 19.3, afirma que as restrições à liberdade de expressão devem ser fixadas por lei expressamente e ser necessárias para: a) assegurar o respeito dos direitos e da reputação dos demais; b) a proteção da segurança nacional, da ordem pública, ou da saúde ou moral públicas. O art. 10.2 do Convênio Europeu de Direitos Humanos de 1950 menciona "a segurança nacional, a integridade territorial ou a segurança pública, a defesa da ordem e a prevenção do crime, a proteção da saúde ou da moral, a proteção da reputação ou dos direitos alheios, para impedir a divulgação de informações confidenciais ou para garantir a autoridade e a imparcialidade do Poder Judicial".

CAPÍTULO III - O DISCURSO DE ÓDIO

centra em aclarar quais devem ser esses limites e em proporcionar critérios para estabelecê-los.

É preciso fazê-lo para não deixar sem proteção especificamente os mais frágeis, os que têm menos possibilidades de se defender, os *áporoi* de cada circunstância. Por isso, neste capítulo, tentaremos abordar o problema e sugerir uma proposta que, levando em conta as dificuldades, ajude a superar a disjunção: "ou liberdade de expressão irrestrita ou cerceamento à liberdade de expressão". Na realidade, a vida humana não se encontra habitualmente com dilemas, mas com problemas cujo enfrentamento é necessário. E, a meu ver, o necessário entrelaçamento entre direito e ética pode permitir superar os inevitáveis conflitos que se produzem quando a questão é pensada exclusivamente do ponto de vista jurídico.

2. Liberdade de expressão ou direito à autoestima?

O crime e o discurso de ódio, como vimos no capítulo anterior, têm em comum o fato de se dirigirem a um indivíduo por pertencer a um determinado coletivo; estigmatizam esse coletivo, convertendo-o em alvo do ódio, difamando-o com relatos espúrios e teorias científicas que presumivelmente demonstram seu caráter desprezível; tentam demonstrar que, na realidade, existe uma desigualdade estrutural entre o grupo dos que pronunciam o discurso e o coletivo estigmatizado (nós/eles); por último, quando se trata de um discurso e não de um mero insulto, não trazem argumentos, mas desculpas para justificar o desprezo ou a incitação à violência.

No que diz respeito aos crimes, como dissemos, são atos criminosos motivados pela intolerância e pelo sentido de superioridade do agressor e que devem reunir ao menos dois requisitos: o comportamento deve estar tipificado como crime no Código Penal e pode consistir em um maltrato vexatório ou em uma agressão física, entre outros; e a motivação do ato deve se basear em um preconceito contra um determinado grupo social.[20] O crime implica então em uma infração penal ou administrativa.

---

[20] OBSERVATORIO HATENTO. *Muchas preguntas. Algunas respuestas. Los delitos de*

Os discursos, como comentamos, podem chegar a ser considerados crimes, por isso no âmbito jurídico o problema se coloca, em princípio, e sobretudo, em aspectos como os seguintes: 1) Que tipos de discursos podem ser tipificados como "discursos de ódio" e devem ser punidos com o Direito Penal, o Direito Administrativo ou o Direito Antidiscriminatório?[21] 2) Como respeitar mutuamente a liberdade de expressão, direito básico de nossas sociedades liberais, e o direito de toda pessoa à sua autoestima, à sua integração pacífica na sociedade e ao reconhecimento que lhe é devido enquanto pessoa?[22] 3) Deve-se proteger a liberdade de expressão de difusão de qualquer ideia, inclusive das que são repulsivas do ponto de vista da dignidade humana, constitucionalmente garantida, ou desprezíveis do ponto de vista dos valores que estabelece a Constituição? É necessário distinguir entre o discurso de ódio (não protegido, em geral, pelo princípio da liberdade de expressão) e o discurso ofensivo e impopular (protegido pela liberdade de expressão).[23]

É de rigor tentar responder essas questões. Sem dúvida, a liberdade de expressão é irrenunciável em uma sociedade aberta, na qual se possa expressar e escutar as diferentes vozes. Proibir determinadas expressões pode ser uma desculpa, habitual nos totalitarismos, e de que temos experiência de sobra ao longo da história e que segue existindo em países como Venezuela, China ou Coreia do Norte.[24] Porém, em segundo lugar,

---

odio contra las personas sin hogar. Madrid: RAIS Fundación, 2015, p. 29. Disponível em: www.hatento.org. Acesso: 15 jun. 2020.

[21] Sobre a conveniência de se trazer casos de discurso de ódio ao Direito Antidiscriminatório, ver REY, Fernando. "Discurso del odio y racismo líquido". *In*: REVENGA, Miguel (dir.). *Libertad de expresión y discursos del ódio*. Madrid: Cátedra de Democracia y Derechos Humanos, 2015, pp. 51-88; CARRILLO, no prelo.

[22] CARRILLO DONAIRE, Juan Antonio. "Libertad de expresión y 'discurso del odio' religioso: la construcción de la tolerancia en la era postsecular". *Revista de Fomento Social*, Andalucía, vol. 70, n. 278, 2015, pp. 208-211.

[23] BECERRIl, 2015, pp. 11-12.

[24] Nesse sentido é muito ilustrativo o Discurso de Ingresso de Santiago Muñoz Machado na Real Academia da Língua Espanhola sobre *Los itinerarios de la libertad de palavra*. MUÑOZ MACHADO, Santiago. *Los itinerarios de la libertad de palavra*. Madrid: Real

CAPÍTULO III - O DISCURSO DE ÓDIO

também é verdade que a liberdade de expressão tem limites quando lesa bens juridicamente protegidos, e os discursos de ódio podem causar dano a esses bens. Nesse caso, tornam-se crimes que devem ser conhecidos e penalizados, não apenas porque o Direito tem uma função punitiva e restaurativa, mas, sobretudo, porque exerce também *uma função comunicativa*. Indica o que uma sociedade não aceita porque não está de acordo com seus valores.

Ocorre, entretanto, como apontam especialistas no tema, que são muito poucas as ocasiões em que se punem condutas que podem ser consideradas ofensivas contra certos valores e direitos constitucionais, em razão dos discursos que possam ser tachados de apologéticos, ofensivos ou incitadores de ódio ou de discriminação.[25] As dificuldades se apresentam tanto de um ponto de vista objetivo como subjetivo.

De um ponto de vista objetivo porque, para um discurso ser considerado criminoso, deve se referir a valores ou direitos constitucionais ou conter uma incitação a ações violentas, e não apenas expressar uma opinião. E a experiência demonstra que determinar quando um discurso concreto incita a violência é um assunto que costuma ser objeto das mais variadas interpretações. Talvez porque nelas pesem decisivamente o que Rawls chamava de "limites do juízo", dos quais o mais importante é que nos casos complexos, avaliamos os dados tendo em conta nossa experiência, adquirida ao longo de nossa história, e, como as histórias são diferentes, as interpretações vêm lastreadas por valorizações diferentes. Mas também podem ter peso na interpretação as pressões políticas e, especialmente, a força social do politicamente correto.[26]

Nesse último caso, os grupos sociais poderosos conseguem que sejam considerados crimes os discursos que os atacam, ou ao menos que

---

Academia Española, 2013.

[25] REY, Fernando. "Discurso del odio y racismo líquido". *In:* REVENGA, Miguel (dir.). *Libertad de expresión y discursos del ódio*. Madrid: Cátedra de Democracia y Derechos Humanos, 2015, p. 49.

[26] RAWLS, John. *O Liberalismo político*. São Paulo: Ed. Ática, 1996, pp. 98-102; MARTÍNEZ-TORRÓN, Javier. "Libertad de expresión y lenguaje ofensivo: algunos criterios prácticos de análisis jurídico". *El Cronista del Estado social y democrático de derecho*, Madrid, n. 60, 2016, p. 29.

sejam socialmente intoleráveis. De forma oposta, se os grupos carecem de força social, os discursos que os atacam acabam sendo considerados como um simples exercício da liberdade de expressão. Uma questão novamente de aporofobia. Quem carece do poder necessário para pressionar com algum tipo de retorno, seja recompensa ou vingança, nem sequer vê protegida sua autoestima. Não deixa de ser estranho que, nos trabalhos mais completos que existem sobre o tema, em nenhum caso se trate do discurso de ódio contra os realmente pobres.[27]

Justamente pela dificuldade em determinar quando um discurso é criminoso, alguns autores recordam que o Direito Penal deve ser reservado como *ultima ratio* e que convém explorar outras vias repressoras de menor intensidade, mas que podem ter maior eficácia, como a indenização civil ou as sanções administrativas.[28] Trata-se de um caminho que, sem dúvida, convém explorar, ainda que não esteja também isento de obstáculos.

Quanto ao ponto de vista subjetivo, também é especialmente difícil comprovar que o motivo da conduta criminosa seja o ódio. A visão subjetiva da questão é mais uma das razões da impunidade que costuma ocorrer nesses crimes.

Por isso, alguns autores entendem que, perdidos nesse mundo de subjetivismos e de falta de critérios objetivos, corremos o risco de normalizar a existência de discursos de ódio que causam dano às pessoas e aos coletivos, precisamente pelas dificuldades de discernir quando a conduta é criminosa. Por isso, aconselham não tratar o assunto dos discursos de ódio apenas do ponto de vista do Direito Penal, mas abrir cada vez mais o espaço ao Direito Administrativo e ao Direito Antidiscriminatório.[29]

---

[27] Ver, por exemplo, HARE, Ivan; WEINSTEIN, James (eds.). *Extreme speech and democracy*. Oxford: Oxford University Press, 2010.

[28] REY, Fernando. "Discurso del odio y racismo líquido". *In*: REVENGA, Miguel (dir.). *Libertad de expresión y discursos del ódio*. Madrid: Cátedra de Democracia y Derechos Humanos, 2015.

[29] REY, Fernando. "Discurso del odio y racismo líquido". *In*: REVENGA, Miguel (dir.). *Libertad de expresión y discursos del ódio*. Madrid: Cátedra de Democracia y Derechos Humanos, 2015.

CAPÍTULO III - O DISCURSO DE ÓDIO

A meu ver, nesse mundo intrincado é necessário abrir também outra via que não anula as anteriores, mas que as complementa. Porém, não no sentido de agregar algo mais, mas no sentido de transformar a problematização a partir da raiz ética de uma sociedade aberta e democrática.

3. A construção de uma democracia radical

Em seu artigo "Los discursos del ódio y la democracia *adjetivada*: tolerante, intransigente, militante?", Miguel Revenga distingue entre esses três modelos de democracia, tomando como critério o limite até o qual uma sociedade estaria disposta a chegar para defender a liberdade de expressão.[30] Certamente, o próprio discurso de ódio pode causar dano, mas, segundo alguns autores, o grau de liberdade de expressão parece ser o que demonstra o grau de democracia de um país.[31]

Seguindo Revenga, o modelo de democracia tolerante estaria inspirado no estadunidense, porque a jurisprudência norte-americana sobre a Primeira Emenda foi a fonte para reconhecer o direito de dizer qualquer coisa.[32] O Estado Constitucional deve sustentar a liberdade, mesmo em casos excepcionais, e a tolerância deve ser considerada como uma virtude decisiva nessa prática.[33] Um caso paradigmático dessa forma

---

[30] REVENGA, Miguel (dir.). *Libertad de expresión y discursos del ódio*. Madrid: Cátedra de Democracia y Derechos Humanos, 2015. Ainda que as posições dos Estados Unidos e da União Europeia tenham se aproximado paulatinamente, mantemos aqui os dois primeiros modelos como tipos ideais, no sentido de Max Weber.

[31] Como demonstrou, entre outros, Muñoz Machado, a liberdade de falar é proposta em primeiro lugar como liberdade parlamentar, que deve proteger os membros das Câmaras da responsabilidade pelas opiniões expostas nos debates. Foi Moro o primeiro a propô-la, em 1521, ao rei Henrique VIII. Mas é a introdução da imprensa o que propõe o problema do controle das comunicações. O itinerário norte-americano, de sua parte, segue a linha de Locke, Trenchard e Gordon. MUÑOZ MACHADO, Santiago. *Los itinerarios de la libertad de palavra*. Madrid: Real Academia Española, 2013, cap. IV.

[32] Sobre a evolução da liberdade de expressão nos Estados Unidos de 1952 a 1978, ver WALKER, Samuel. *Hate Speech:* the history of an American controversy. Lincoln: University of Nebraska Press, 1994, cap. 6.

[33] Também o TC espanhol, na STC 174/2006, FJ 4 afirma que "a liberdade de expressão

de entender a tolerância é o caso Skokie. Em 1978, um partido neonazista, encabeçado por Frank Collin, pediu permissão para realizar uma manifestação em uma cidade majoritariamente judia, Skokie, em Illinois, para promover suas ideias, entre elas, a negação do Holocausto. As autoridades locais impuseram obstáculos, mas a Corte Federal deu razão ao partido por considerar que não se podia tolher a liberdade de expressão.

Já a democracia intransigente seguirá o modelo europeu, mais propenso a limitar a liberdade de expressão frente ao discurso de ódio. No fundo dessa atitude poderia se encontrar, por um lado, a experiência do Holocausto, que teve sua origem na tolerância com discursos populistas e alegadamente científicos, prenhes direta ou indiretamente de incitações à violência e que desembocaram na realidade do assassinato sistemático organizado pelo Estado, e também uma história europeia de conflitos religiosos. Por outro lado, a cultura da honra, bem arraigada no contexto europeu, que se mantém de algum modo na lei do insulto e atua como limite da liberdade de expressão. Concretamente, o Tribunal Constitucional insiste que a Constituição não ampara o direito ao insulto.

Um terceiro modelo seria de uma democracia militante, um rótulo tomado de dois artigos de Karl Loewenstein, de 1937, sobre "Militant Democracy and Fundamental Rights".[34] Neles Loewenstein se referia, na realidade, à necessidade de um tipo de democracia que permitisse evitar o fracasso de uma democracia frágil como a da República de Weimar em 1919. A Constituição de uma democracia militante deve conter cláusulas que impeçam sua reforma e que impossibilitem a legalização de partidos contrários à ordem constitucional. No ponto de vista de Loewenstein, a experiência do nacional-socialismo assim aconselharia. Mas também esse tipo de democracia exigiria a adesão

---

compreende a liberdade de crítica, ainda quando a mesma seja descabida e possa incomodar, inquietar e dar desgosto a quem se dirige, pois assim requer o pluralismo, a tolerância e o espirito de abertura, sem os quais não existe sociedade democrática". REVENGA, Miguel (dir.). *Libertad de expresión y discursos del ódio*. Madrid: Cátedra de Democracia y Derechos Humanos, 2015, p. 24, nota 20.

[34] LOEWENSTEIN, Karl. "Militant Democracy and Fundamental Rights". *American Political Science Review*, Washington, vol. 31, n. 3, 1937, pp. 417-432, pp. 638-658.

positiva dos cidadãos aos postulados constitucionais, o que, a meu ver, excede as funções do Direito.

Curiosamente, um certo modelo de democracia militante como alternativa à democracia frágil da República de Weimar seria a democracia forte, proposta por Benjamin Barber em 1984. Segundo o cientista político estadunidense, a fragilidade da democracia liberal da República de Weimar havia enfraquecido o compromisso dos cidadãos com a política. A cidadania, politicamente anêmica, sentiu-se fascinada por uma oferta forte e opressiva como a de Hitler. Novamente, a história do flautista de Hamelín seduzindo as pessoas incautas. Como antídoto, Barber dizia ser necessário promover o engajamento dos cidadãos através da participação na vida pública, através de uma democracia participativa na linha de Rousseau e de Walt Whitman.

Entretanto, a democracia forte não seria uma democracia unitária que dá coesão à cidadania através de uma unidade básica procedente do sangue (raça) ou de uma ideologia. A participação por si mesma não é positiva: é essencial conhecer seus princípios e suas metas. Princípios e metas haviam envenenado a participação cidadã no nacional-socialismo, por isso a democracia forte proposta por Barber tinha por princípio o pluralismo e, por procedimento, o diálogo e a deliberação, os quais permitem transitar agregacionismo da democracia liberal, regido pela soma de vontades individuais, a uma vontade comum. A deliberação permite transitar entre do "eu prefiro isto" ao "nós queremos um mundo que seja assim."[35]

Evidentemente, cada um desses três modelos possui suas luzes e sombras, e se aproximaram entre si com o tempo. A democracia tolerante permite defender, em princípio, a liberdade de expressão, com a confiança de que as melhores ideias vencerão sem necessidade de proibições.[36] Essa confiança pode ter êxito ou não a longo prazo, mas a curto prazo pode

---

[35] BARBER, Benjamin. *Democracia fuerte:* política participativa para una nueva época. Granada: Almuzara, 2004; CORTINA, Adela. *Ética aplicada y democracia radical.* Madrid: Tecnos, 1993, pp. 102-107.

[36] MILTON, John. *Aeropagítica.* Madrid: Tecnos, 2011.

causar danos a outras pessoas, restringindo o exercício de sua liberdade, quando, na realidade, o limite que o mundo liberal moderno fixa para a liberdade pessoal é justamente o dano ao exercício da liberdade dos outros. Um discurso que, por si próprio, causa dano aos outros, podendo incitar atuações violentas, viola a "liberdade dos modernos", entendida como a não interferência no exercício da liberdade alheia.[37] Cabe dizer, então, que a virtude da tolerância é sempre superior à da intolerância, mas pode favorecer as atuações verbais dos intolerantes. Por isso, a meu ver, a tolerância é superior à intolerância, mas a virtude que realmente supera a intolerância é o respeito ativo. Quem respeita os outros dificilmente pronunciará discursos intolerantes que possam causar dano a alguém.

De sua parte, a democracia intransigente pode recortar em excesso a liberdade de expressão e deveria substituir a cultura da honra pela da autoestima, esse bem básico que tanto a cultura anglo-saxã como a europeia valorizam, ao ponto de ser considerado por Rawls como um dos bens primários. Os bens primários são aqueles que qualquer pessoa desejaria ter, sejam quais forem os planos de vida que queira se propor. Todos querem desfrutar de certos direitos, ter bens econômicos e contar com um bem como a autoestima, a qual lhes permite confiar em suas próprias forças para desenvolver projetos atrativos ao longo da vida. Ainda que o direito à honra esteja previsto nos códigos europeus, é um bem difícil de se entender no século XXI, enquanto que a autoestima goza de um amplo reconhecimento.

O respeito ativo enquanto virtude de não causar dano a um bem, como a autoestima, seria a chave de uma ética capaz de neutralizar os discursos de ódio.

Quanto à democracia militante, parece, em princípio, a mais atrativa, porque engaja a cidadania no projeto de construção de uma sociedade democrática, mas tem, ao menos, duas graves limitações: a) a intocabilidade da Constituição, o que não é aceitável, porque todo texto é

---

[37] CONSTANT, Benjamin. *A liberdade dos antigos comparada à dos modernos*. São Paulo: Edipro, 2019.

CAPÍTULO III - O DISCURSO DE ÓDIO

reformável, contanto que os procedimentos constitucionais sejam seguidos; b) a exigência de que exista um compromisso ativo da cidadania com os princípios constitucionais. Pode-se pedir aos cidadãos, a partir do Direito, que se comprometam ativamente na defesa dos princípios democráticos ou apenas que não vulnerem esses princípios?[38]

Ao chegar a esse ponto, convém recordar a distinção que Kant introduzia entre a liberdade jurídica e a liberdade moral. A liberdade jurídica seria a liberdade externa, isto é, a que regula as relações externas entre as pessoas, de modo que tem seu limite no dano que se possa causar aos outros. Nesse caso, o Estado é legitimado para usar a coerção de modo que cada um respeite a liberdade alheia, seja qual for a valoração que o sujeito coagido faça da lei. A liberdade moral, por outro lado, é a liberdade interna, a autonomia pessoal, a capacidade de cada sujeito de dar leis a si próprio e de se obrigar.[39] Portanto, é o âmbito da autocoerção, do cultivo pessoal da virtude, do que ninguém pode obrigar, pois é uma opção pessoal. Por isso, Kant acrescentará que no âmbito da liberdade, quando o propósito não consiste em ensinar a virtude, mas somente em expor o que está de acordo com o Direito, este não deve ser apresentado como motivo da ação.[40]

Não se pode exigir dos cidadãos de uma sociedade aberta, portanto, que tomem os princípios do Direito como parâmetro de sua ação, mas apenas que não violem esses princípios; é por isso que uma democracia militante como a que comentamos acima não é aceitável. Mas também é verdade que aonde o direito não chega, pode e deve chegar uma ética cívica, indispensável para que a democracia funcione. O Direito não basta, a ética cívica é necessária.

O cultivo dessa ética é uma responsabilidade da sociedade em seu conjunto que deve ser transmitida através da educação formal e informal, através das escolas, famílias, meios de comunicação, exemplo de figuras

---

[38] REVENGA, Miguel (dir.). *Libertad de expresión y discursos del ódio*. Madrid: Cátedra de Democracia y Derechos Humanos, 2015, p. 30.

[39] KANT, Immanuel. *A Metafísica dos costumes*. Bauru: Edipro, 2003, p. 63.

[40] KANT, Immanuel. *A Metafísica dos costumes*. Bauru: Edipro, 2003, p. 70.

relevantes e configuração das organizações e instituições, conformando uma "eticidade" particular.

Hegel acreditava, acertadamente, que não basta prescrever o dever ser, a moral tem que se incorporar às instituições, aos hábitos e aos costumes de uma sociedade; chamava "eticidade" essa ética incorporada à vida pessoal e institucional de uma sociedade.[41]

Nesse sentido, poderíamos distinguir ao longo da história da ética três grandes etapas, cada uma delas integrando dois tipos de teoria ética, uma idealista, que desenha uma proposta inovadora, e outra realista, empenhada na tarefa de encarná-la nas instituições sociais. A primeira etapa é a de Platão e Aristóteles; a segunda, a de Kant e Hegel; e a terceira, a da ética do diálogo que Apel e Habermas iniciaram no século XX e que, desde então, vem se integrando às instituições das sociedades democráticas, por meio da revolução das éticas aplicadas, ou seja, por meio da ética do desenvolvimento humano, da economia e dos negócios, da bioética e da ética da mídia, da política e da educação, das profissões ou da ciberética.[42] Todas essas formas de ética já permeiam as diferentes esferas da vida social, apresentam demandas morais e requerem, para satisfazer essas demandas, a encarnação de valores e o cultivo de virtudes, entendidas como excelências de caráter. Seu progresso consiste em fortalecer o vínculo intersubjetivo que une os membros dessa sociedade a partir de uma eticidade dialógica e democrática.[43]

Por isso, ante o problema colocado pelo possível conflito entre os discursos de ódio e a liberdade de expressão, não bastam as soluções

---

[41] HEGEL, Georg Wilhelm Friedrich. *Princípios da filosofia do direito*. São Paulo: Martins Fontes, 1997.

[42] CONILL, Jesús. *Horizontes de economía ética*. Madrid: Tecnos, 2004; CONILL, Jesús; GOZÁLVES, Vicent. *Ética de los médios*. Barcelona: Gedisa, 2004; CORTINA, Adela. *Ética aplicada y democracia radical*. Madrid: Tecnos, 1993; CORTINA, Adela; GARCÍA-MARZÁ, Domingo (eds.). *Razón pública y éticas aplicadas:* los caminos de la razón práctica en una sociedad pluralista. Madrid: Tecnos, 2003; GARCÍA-MARZÁ, Domingo. *Ética empresarial:* del diálogo a la confianza. Madrid: Trotta, 2004; GRACIA, Diego. *Fundamentos de Bioética*. Madrid: EUDEMA, 1989; LOZANO, José Félix. *Códigos éticos para el mundo empresarial*. Madrid: Trotta, 2004; e MARTÍNEZ NAVARRO, Emilio. *Ética para el desarrollo de los pueblos*. Madrid: Trotta, 2000.

[43] CORTINA, Adela. *Ética aplicada y democracia radical*. Madrid: Tecnos, 1993.

CAPÍTULO III - O DISCURSO DE ÓDIO

jurídicas senão que é indispensável também o cultivo de uma eticidade democrática. Caso contrário, as leis operam exclusivamente com base na coerção jurídica e social, cujas limitações foram amplamente demonstradas.

O cultivo da ética democrática exige que a liberdade seja considerada sagrada, mas uma *liberdade igual*, que é obtida por meio do diálogo e do reconhecimento mútuo da dignidade. Não por indivíduos atomizados, que se juntam em certas ocasiões para tomar decisões comuns, e sim pela consciência de serem pessoas que se relacionam. Por isso, a virtude suprema é o respeito ativo pela dignidade, que assume a tolerância, mas que vai além dela, comprometendo-se a tentar não prejudicar os outros, a não romper o vínculo com as pessoas, que também têm dignidade e não um simples preço.

4. Miséria do discurso de ódio

O rótulo "discurso de ódio" não é correto em nenhum dos dois substantivos que o compõem, e analisar esse desacerto é um bom guia para elucidar sua miséria.

No tocante ao termo "ódio", nem sempre os discursos e crimes que estamos nos referindo vêm motivados por uma emoção ou um sentimento tão profundo. Na vida cotidiana, entendemos por "ódio" uma emoção muito intensa, no sentido que é dado por Maria Moliner, como "sentimento violento de repulsa contra alguém, acompanhado do desejo de lhe causar ou de que lhe ocorra dano". É nesse sentido que Glucksmann assegura que o ódio existe e que é destrutivo. A meu ver, ele tem razão. Mas quando falamos de discurso de ódio, referimo-nos também a outras formas de aversão e rejeição menos radicais, mas nem por isso menos danosas para quem as sofre. Talvez estejam mais próximas da "antipatia e aversão contra algo ou alguém cujo mal se deseja", que é a caracterização apresentada pelo *Dicionário da Língua Espanhola*. Ou, inclusive, pode ser mais adequada a palavra "fobia", que significa "aversão exagerada a alguém ou a algo", e quando empregada como sufixo, "aversão ou rejeição".

Esse seria o caso da aporofobia, da aversão ou rejeição ao pobre, porque parece que a pobreza é desagradável, que o pobre apresenta problemas e que de algum modo contamina. Não me refiro apenas à pobreza econômica, mas à de quem se encontra desvalido e sem apoio em uma má situação, à de quem é objeto de críticas, ameaças, desprezo ou provocação porque carece de poder, seja na política, na empresa, na universidade, na escola, na fábrica ou em qualquer lugar, porque em todos eles funciona o Efeito Matthew:[44] "ao que mais tem, mais será dado, ao que tem pouco, até o pouco que tem será subtraído". Em cada caso, o pobre é o sem poder nesse tempo e nesse lugar. É contra ele que se dirigem os discursos de aversão e rejeição, inclusive de ódio, que permitem manter os que estão bem situados onde estão, sempre seguidos por seus lacaios.

Certamente, os juízes necessitam contar com critérios para determinar se o ódio latente nas entranhas de um discurso constitui ou não crime, mas de um ponto de vista ético, quem rejeita e ofende estando no poder, seja qual for o tipo de poder, rompe toda possibilidade de convivência justa e amistosa, rompe o vínculo com o humilhado e ofendido e degrada a si mesmo.

Por outro lado, a palavra "discurso" também apresenta problemas, porque, na realidade, pode se tratar de um simples insulto ou de um momento explosivo, e não ser propriamente um discurso. Por enquanto, tomaremos isso como aceitável para poder entrar na crítica dos próprios discursos de ódio, o que vai resultar em três grandes deficiências.

Em primeiro lugar, esse tipo de discurso é monológico e não dialógico. O lobo vocifera com o cordeiro e não lhe interessa escutar sua resposta. Esse tipo de discurso é monológico porque quem os pronuncia não considera seu ouvinte como um interlocutor válido, como um sujeito dotado do direito de responder e entrar em diálogo, senão como um objeto que não merece respeito algum.

Esse modo de atuar não é lícito nem sequer do ponto de vista linguístico mais elementar, porque quem se dirige a outra pessoa através

---

[44] Nota do tradutor: *Principio Mateo* ou Efeito Matthew é na sociologia a vantagem acumulada, o fenômeno em que "os ricos ficam mais ricos e os pobres ficam mais pobres".

CAPÍTULO III - O DISCURSO DE ÓDIO

da linguagem, inclusive através da linguagem dos gestos, está supondo que existe com ela algum vínculo, que o ouvinte é um interlocutor capaz de compreender e que tem direito a responder para expressar seu acordo ou desacordo, que é um sujeito autônomo e não um objeto heterônomo.

Como mostra a Teoria da Ação Comunicativa, um discurso é um tipo de ação comunicativa em que os interlocutores têm que tentar se entender porque, caso contrário, não existe comunicação; falar carece de sentido se não se busca um mínimo de entendimento.[45] Por isso, podemos dizer em termos filosóficos que, em qualquer ação comunicativa, assim como na que aparentemente se produz entre o lobo e o cordeiro, há um pressuposto pragmático inevitável, que é o que dá sentido ao fato de se entrar nela: existe uma relação de reconhecimento mútuo entre os interlocutores, existe entre eles um vínculo lógico-pragmático. Negar ao ouvinte capacidade de interlocução, tratá-lo como um objeto e não como um sujeito supõe romper o vínculo de intersubjetividade que torna possível a linguagem humana e admitir que o discurso careça de sentido; supõe cometer uma contradição performática: a contradição que existe entre o fato de tratar o interlocutor como um objeto através de um discurso que só pode se dirigir a um sujeito de fala. O falante rompe no nível semântico o vínculo que, queira ou não, existe no nível pragmático.[46]

Trata-se de um monólogo com forma aparente de diálogo, e justamente esse caráter monológico é o que está presente nos discursos de ódio. Quem os profere não reconhece no grupo que é alvo de suas palavras sujeitos com quem estabelece ou poderia estabelecer um diálogo, senão como *objetos* que apenas merecem desprezo, estigmatização ou manipulação; como objetos de desprezo e rejeição.

Em segundo lugar, o próprio discurso de ódio pode causar dano às pessoas por si próprio, não é necessário que incite a matá-las, feri-las

---

[45] APEL, Karl-Otto. *Transformação da Filosofia*. São Paulo: Edições Loyola, 2000; e HABERMAS, Jürgen. *Consciência moral e agir comunicativo*. Rio de Janeiro: Tempo Brasileiro, 1989.
[46] CORTINA, Adela. *Ética aplicada y democracia radical*. Madrid: Tecnos, 1993.

ou levar a cabo contra elas outras ações danosas, distintas do próprio discurso. Como ressaltaram corretamente diversos autores, realizar uma ação comunicativa é agir, coisa que se esquece com demasiada frequência.[47] *Falar é agir*, é realizar uma ação que tem capacidade de causar dano por si própria. Independentemente de que com a fala se incite a realizar uma ação violenta, o discurso é uma ação diferente da agressão posterior e pode por si próprio causar dano. Determinar se é ou não um crime é questão que compete aos juízes, que devem investigar se o discurso causa dano ou não a um bem jurídico, mas *de um ponto de vista ético,* estigmatizar outras pessoas, condenando-as à exclusão, à perda de sua reputação e privando-as do direito à participação social, é algo lesivo por si só e destrói qualquer possibilidade de convivência justa.

Em terceiro lugar, o fato de se estabelecer uma *relação de assimetria*, de *radical desigualdade* entre "nós" e "eles", é algo que atenta contra os princípios mais básicos de um *êthos* democrático. Como comentamos, sem um caráter democrático dificilmente será possível uma sociedade democrática e nesse caráter diversos valores são essenciais, entre eles a liberdade, mas também a igualdade, que é a grande herança da tradição democrática. A construção de uma liberdade igual é o grande projeto das democracias radicais, aquelas que buscam o seu fundamento, as pessoas.

O discurso assimétrico expressa a ausência de *reconhecimento* e, por isso, o reconhecimento mútuo é a chave de uma vida social justa, como demonstra essa tradição filosófica que nasce com Hegel, ao menos, e na qual se inscreve hoje em dia a ética do discurso, criada por Karl-Otto Apel e Jürgen Habermas, mas reformulada e completada por outros autores, como Charles Taylor, Paul Ricoeur, Axel Honneth, Jesús Conill, Domingo García-Marzá, Juan Carlos Siurana e por meus próprios trabalhos.[48] Como bem disse Taylor, a vitória do carrasco consiste em

---

[47] AUSTIN, John. *Quando dizer é fazer:* palavras e ação. Porto Alegre: Artes Médicas, 1990; SEARLE, John. *Actos de habla.* Madrid: Cátedra, 1980.

[48] APEL, Karl-Otto. *Transformação da Filosofia.* São Paulo: Edições Loyola, 2000; HABERMAS, Jürgen. *Consciência moral e agir comunicativo.* Rio de Janeiro: Tempo Brasileiro, 1989; CONILL, Jesús. *Ética hermenêutica.* Madrid: Tecnos, 2006; CORTINA,

CAPÍTULO III - O DISCURSO DE ÓDIO

conseguir que sua vítima despreze a si mesma de tanto experimentar o desprezo alheio.

Nesse ponto, não posso deixar de citar o esplêndido texto de Karl-Otto Apel, tomado de *Transformação da filosofia:*

> Todos os seres capazes de comunicação linguística devem ser reconhecidos como pessoas, visto que em todas suas ações e expressões são interlocutores virtuais e a justificação ilimitada do pensamento não pode renunciar a nenhum interlocutor e a nenhum de seus aportes virtuais à discussão.[49]

O reconhecimento recíproco das pessoas como interlocutores válidos é, então, a chave de qualquer discurso que se pretenda racional. Os discursos de ódio rompem objetivamente essa intersubjetividade humana que, como bem dizia Hanna Arendt, nunca deveria ser vulnerada.

5. A liberdade é construída a partir do respeito ativo

Abordar o problema dos discursos de ódio a partir apenas do ponto de vista jurídico torna difícil a tarefa de determinar quando o caráter criminoso de um discurso faz necessário cercear a liberdade de expressão. Entre um e outro, parece existir uma conta de soma zero de forma que o problema se torna quase insolúvel.

Sem dúvida, uma sociedade totalitária é a que reprime e anula a liberdade de expressão, fechando jornais, editoras, meios de comunicação e encarcerando os dissidentes. As sociedades abertas, pelo contrário, apreciam a liberdade de expressão como um bem irrenunciável, que convém potencializar. Porém, se querem ser realmente democráticas, devem partir do reconhecimento mútuo da dignidade das pessoas, que

---

Adela. *Ética de la razón cordial.* Oviedo: Nobel, 2007; García-Marzá, 1992. HONNETH, Axel. *Luta por reconhecimento.* São Paulo: Editora 34, 2003; RICOEUR, Paul. *Percurso do reconhecimento.* São Paulo: Edições Loyola, 2006; e SIURANA, Juan Carlos. *Una brújula para la vida moral.* Granada: Comares, 2003.

[49] APEL, Karl-Otto. *Transformação da Filosofia.* São Paulo: Edições Loyola, 2000, p. 380.

têm direito ao respeito e à autoestima. Nenhum dos dois lados – respeito ativo e liberdade de expressão – pode ficar debilitado ou relegado e essa tarefa de harmonizá-los é a que uma ética cívica realiza, baseada no reconhecimento mútuo que configura o húmus, o caráter de uma sociedade democrática, sobre o qual se tece o Direito.[50]

A ética cívica de uma sociedade pluralista e democrática é uma ética de correspondência entre instituições e cidadãos através das pessoas concretas, dos pronomes pessoais que constituem os pontos fundamentais de qualquer diálogo sobre o justo. Os discursos de ódio enfraquecem a convivência, rompem a intersubjetividade e cortam os vínculos interpessoais. A qualidade de uma sociedade democrática é medida pelo nível alcançado de reconhecimento e de respeito mútuo da dignidade, e não calculando até onde se pode chegar causando danos aos outros sem cometer um crime punível. O grau com que as pessoas podem se expressar livremente não é o único termômetro para se medir a qualidade de uma sociedade democrática. Para determiná--la, é indispensável medir a temperatura do nível de respeito mútuo alcançado e, se for baixo, significa que nela prospera um liberalismo individualista selvagem, e não o apreço pela igual liberdade, próprio de uma sociedade democrática.

E resulta impossível manter o respeito pelas pessoas e defender as bases sociais da autoestima sem empoderar moralmente os cidadãos para que considerem seus concidadãos como pessoas, como interlocutores válidos, dignos de respeito e não como seres que apenas merecem ódio, desprezo e rejeição pela cor de sua pele, sua raça, seu pertencimento étnico, sua convicção religiosa, sua ideologia, sua situação de incapacidade ou de pobreza econômica.

---

[50] A Recomendação Geral n. 35 do Comitê das Nações Unidas para a eliminação da discriminação racial, aprovada em agosto de 2013, afirma: "A relação entre a rejeição do discurso de ódio racista e o florescimento da liberdade de expressão devem ser vistas como complementares, e não como a expressão de um jogo de soma zero, em que a prioridade que se dá a um seja às custas do outro". Conferir página onze da Recomendação em REY, Fernando. "Discurso del odio y racismo líquido". *In:* REVENGA, Miguel (dir.). *Libertad de expresión y discursos del ódio*. Madrid: Cátedra de Democracia y Derechos Humanos, 2015.

CAPÍTULO III - O DISCURSO DE ÓDIO

Em todos esses casos, será a pobreza social a que os converterá em foco de desprezo, porque não se aplaude nas sociedades o discurso contra qualquer cor de pele, qualquer raça, qualquer etnia, qualquer religião ou qualquer ideologia, e sim os discursos contra a cor de pele, a raça, a etnia, a religião ou a ideologia que se encontrem em situação de vulnerabilidade.

Na raiz de tudo sempre está a aporofobia. Nesse caso, a que se expressa no discurso contra os que se encontram em piores situações.

Capítulo IV
NOSSO CEREBRO É APOROFÓBICO

Considere a xenofobia, o medo de estrangeiros. É completamente natural. As pessoas preferem os que se parecem com elas; embora desprezível, é comum não gostar de estranhos. Nossa política social tenta sedimentar as ideias mais esclarecidas de humanidade para superar os aspectos mais fundamentais da natureza humana. E assim os Estados Unidos aprovaram leis antidiscriminação na forma do artigo 8º da Lei de Direitos Civis de 1968. Levamos muito tempo para chegar lá, mas o fato de que chegamos demonstra que somos uma sociedade flexível, que pode melhorar nossos padrões se nos compreendermos melhor.[51]

1. Temos um sonho

Se perguntássemos às sociedades com democracia liberal quais são seus ideais compartilhados, ao menos no que se refere às suas declarações, a meu ver, elas poderiam responder com Luther King que "temos um sonho", e esse sonho se desenrolaria mais ou menos como o que segue.

No âmbito político desejaríamos uma democracia capaz de encarnar valores de liberdade e igualdade que dão sentido e legitimidade

---

[51] EAGLEMAN, David. *Incógnito:* as vidas secretas do cérebro. Rio de Janeiro: Rocco, 2012, p. 160.

a essa forma de organização política. Tratar-se-ia talvez de uma democracia deliberativa, bem configurada em escala nacional, mas também de uma democracia mundial, capaz de distribuir os bens comuns com justiça e de estabelecer leis claras e firmes para uma economia global. Seria uma democracia inclusiva.

Quanto à economia, contaríamos com uma economia ética, disposta a cumprir com a tarefa que lhe corresponde e que consiste em ajudar a criar boas sociedades, como afirma o Prêmio Nobel de Economia de 1998, Amartya Sen.[52] A meta da economia consistiria em criar riqueza com equidade, erradicar a pobreza e reduzir as desigualdades injustas.

Fomentar a cidadania econômica seria também um dos projetos desse sonho comum, ou seja, conseguir que os cidadãos sejam também protagonistas das decisões sobre o que se produz, para quem e como.[53]

No que diz respeito à sociedade civil, seria uma sociedade civil vibrante, em ebulição, disposta a viver sua vida privada, mas também a participar dos assuntos públicos e a se comprometer com o bem comum.

Nosso sonho seria também o de uma sociedade moralmente pluralista, em que conviveriam distintas éticas, distintas de máximos ofertas de vida em plenitude, compartilhando a exigência de um mínimo de justiça que não se poderia renunciar. As éticas de máximos, religiosas e seculares, cumpririam com sua tarefa de fomentar projetos de uma vida feliz.[54] As pessoas poderiam compartilhar os mínimos de justiça de suas sociedades sem ter que renunciar às suas próprias bagagens culturais, como reclama o projeto de uma sociedade intercultural, de âmbito nacional e global.[55]

O modelo de cidadania encarnado na vida cotidiana seria o de uma cidadania social, levando em conta que é cidadão social aquele que

---

[52] SEM, Amartya. *Desenvolvimento como liberdade*. São Paulo: Companhia das Letras, 2000; e CONILL, Jesús. *Ética hermenêutica*. Madrid: Tecnos, 2006.

[53] CONILL, Jesús. *Ética hermenêutica*. Madrid: Tecnos, 2006.

[54] CORTINA, Adela. *Ética mínima:* introducción a la filosofía práctica. Madrid: Tecnos, 2001a; CORTINA, Adela. *Alianza y contrato:* ética, política y religión. Madrid: Trotta, 2001b.

[55] TAYLOR, Charles. *Multiculturalismo:* examinando a política do reconhecimento. Lisboa: Instituto Piaget, 1994.

CAPÍTULO IV - NOSSO CÉREBRO É APOROFÓBICO

vê protegidos seus direitos de primeira e segunda geração em sua comunidade política.[56] Os Estados nacionais assumiriam, então, a forma de um Estado social de Justiça, capaz de proteger esses direitos.[57]

A União Europeia, como autêntica união supranacional, recobraria a tradição da Europa Social, que lhe é própria, e se tornaria a Europa dos Cidadãos e dos Políticos, e não apenas dos Mercadores. A hospitalidade com os refugiados e imigrantes, como comentaremos mais adiante, seria novamente esse marco de identidade que ela nunca devia ter perdido.

E quanto ao irreversível fenômeno da globalização, estaria no quadro de uma Governança Global, capaz de proteger uma cidadania social cosmopolita.[58]

O horizonte desse sonho seria o de uma sociedade cosmopolita, em que todas as pessoas, sem exclusão, se saberiam e se sentiriam cidadãs.

Evidentemente, a aporofobia, a xenofobia, o racismo e a homofobia estariam excluídas dessa sociedade, porque eliminá-los é o que exige o mútuo respeito à dignidade das pessoas. O cuidado para com a natureza completaria o desenho de um mundo que é utópico, sem dúvida, mas é o que, ao menos no âmbito do que é declarado, aceitariam as sociedades com democracia liberal. O estranho é comprovar que, entretanto, o que é feito está muito distante do que é declarado.

2. Um abismo entre declarações e realizações

Sem dúvida vivemos em um mundo contraditório na política, na economia, na ciência e na organização social. Em todos esses âmbitos,

---

[56] MARSHALL, Thomas. *Cidadania, classe social e status*. Rio de Janeiro: Zahar Editores, 1967.

[57] CORTINA, Adela. *Ciudadanos del mundo:* hacia una teoría de la ciudadanía. Madrid: Alianza, 1997; e POGGE, Thomas. *La pobreza en el mundo y los derechos humanos*. Barcelona: Paidós, 2005.

[58] POGGE, Thomas. *La pobreza en el mundo y los derechos humanos*. Barcelona: Paidós, 2005.

as declarações de instituições relevantes estão no nível do que Lawrence Kohlberg chamaria de "pós-convencional" no desenvolvimento da consciência moral. Recordemos como esse psicólogo do desenvolvimento moral, que trabalhava em estreita relação com John Rawls em Harvard, se propôs a analisar o nível de desenvolvimento da consciência moral dos indivíduos e, para isso, tomou como referência a forma com que se desenvolve a consciência da justiça. As críticas a essa identificação entre moral e justiça não tardaram a chegar, como se a benevolência e a compaixão não fossem também vozes essenciais no mundo moral, e Kohlberg foi se ocupando delas, mas para o que nos interessa aqui – as declarações como a dos Direitos Humanos e os pactos correspondentes –, o sentido de justiça é central.

Kohlberg, em seus trabalhos, detectou três níveis do desenvolvimento ontogenético da consciência moral, isto é, nos indivíduos. No primeiro deles, as pessoas consideram justo o que as favorece individualmente; no segundo, têm por justo o que coincide com as normas de sua comunidade, é o momento do comunitarismo; e no terceiro nível, o de maior maturidade moral, as pessoas refletem sobre o justo e o injusto tendo como referência a humanidade. É o momento do universalismo. Mais tarde, Jürgen Habermas desenvolveria sua teoria da evolução social tomando como pauta para o desenvolvimento filogenético, ou seja, o da consciência moral social, os níveis de progresso que Kohlberg analisou nos indivíduos.

Mas ocorre que, como o próprio Kohlber aponta, nas sociedades pluralistas e democráticas, como as da América do Norte e de boa parte da América Ibérica e da Europa, existe um verdadeiro abismo entre a ética que legitima as instituições econômicas e políticas e o juízo dos cidadãos. Enquanto as instituições se legitimam pela defesa dos direitos humanos e pelos valores morais do Iluminismo, situando-se em um nível ético universalista, as pessoas que trabalham nessas instituições e os cidadãos se encontram no nível convencional ou pré-convencional do desenvolvimento do juízo moral.[59]

---

[59] KOHLBERG, Lawrence. "The future of liberalism as the dominant ideology of the Western World". In: _____. *The Philosophy of moral development*. New York: Harper, 1981.

CAPÍTULO IV - NOSSO CÉREBRO É APOROFÓBICO

Pode-se dizer, então, que existe nessas sociedades uma consciência moral social, uma ética cívica que dá sentido às instituições políticas, econômicas ou acadêmicas e é universalista, enquanto os juízos e as atuações pessoais são egoístas ou comunitaristas e pretendem favorecer os indivíduos ou os grupos. Por isso, a ética escrita e declarada, a ética pública que se transmite através da educação regulada nos programas escolares e universitários e que pretende orientar o juízo e as decisões nos códigos, comitês e comissões de bioética, de empresa, das administrações públicas, das universidades ou dos partidos políticos, proclame os direitos humanos, os valores do Iluminismo e, cada vez mais, o cuidado com a natureza.

É verdade que, na consciência moral das sociedades ocidentais, se produziu um progresso ao longo da história: a escravidão ficou proscrita, assim como o tratamento desigual em função da raça, sexo, etnia, tendência sexual ou situação de riqueza ou pobreza. Por isso que um bom número de grupos explica a história desse progresso como a ampliação do círculo dos que são considerados como dignos de consideração moral. No começo somente os cidadãos homens, mais tarde a abolição da escravidão incorpora os que eram considerados escravos e, paulatinamente, os negros e as mulheres foram cobrando cidadania ativa, até que esta chegue ao círculo dos animais não humanos. No nível da moral escrita, das declarações, a incontestável diversidade nunca justifica um tratamento desigual, a discriminação negativa é desautorizada.

Essa é a moral que José Luis Aranguren chamaria de "moral pensada" e aqui reconhecemos também como a "moral escrita" das Constituições, livros e códigos de diversas índoles.[60] Mas ela também está incluída na Declaração Universal dos Direitos Humanos de 1948 e proposta como um projeto inevitável nos Objetivos de Desenvolvimento do Milênio (2000) ou nos Objetivos de Desenvolvimento Sustentável (2015). Em todos eles, é um objetivo declarado erradicar a fome, acabar com a miséria e a desigualdade injusta em suas diversas formas, o que faz parte da moral pensada, escrita e declarada. É preciso

---

[60] ARANGUREN, José Luis. "Ética". *In:* _____. *Obras Completas, II*. Madrid: Trotta, 1994, pp. 159-502.

lembrar mais uma vez que as declarações não são discursos neutros. Declarar é se comprometer.

Por isso resulta tão chocante contraste que ocorre entre as declarações e a moral vivida pelas instituições e pelas pessoas, pela moral realmente experimentada na vida diária. Possivelmente isso sempre aconteceu, mas agora com maior visibilidade, graças às constantes informações dos meios de comunicação e à infinidade de redes criadas pelo avanço da computação e das comunicações.

No nível das *declarações*, falamos que outro mundo é possível e mesmo necessário, porque o que temos não está à altura do que os seres humanos merecem. Eu acrescentaria que o que é necessário é possível e tem que se tornar real. Para isso, é preciso averiguar por que existe esse abismo entre as declarações e realizações, o que é o que nos ocorre que queremos um mundo e construímos outro. Por que se fala constantemente da necessidade de construir democracias inclusivas, porém continua existindo um grande número de excluídos?

3. Três versões do mal radical

Essa assimetria entre o dito e o fato se convencionou chamar de *fraqueza moral (akrasía)*. A fraqueza moral se mostra no fato de que alguém possa chegar a formular um juízo moral, como "fumar faz mal para mim", mas na hora de agir, volta a acender o cigarro. Essa fraqueza da vontade se expressa magistralmente no ditado latino "vejo o melhor, e (o) aprovo (, mas) sigo o pior" (*video meliora proboque deteriora sequor*), um ditado que Ovídio põe na boca de Medeia em *Metamorfoses* com as seguintes palavras: "Mas me arrasta involuntariamente uma nova força, e uma coisa desejo, a mente de outra me persuade. Vejo o melhor e o aprovo, mas sigo o pior".[61] Também caminha no mesmo sentido a afirmação desconcertada de São Paulo: "Não faço o bem que quero, mas trabalho o mal que não quero".[62]

---

[61] OVÍDIO. *Metamorfoses*. São Paulo: Editora 34, 2017, Livro VII.
[62] SÃO PAULO. Epístola aos Romanos, VII. BÍBLIA. *N. T. Epístola aos Romanos. In*:

CAPÍTULO IV - NOSSO CÉREBRO É APOROFÓBICO

Porém, esse desconcerto não é apenas individual, mas também social, é tanto das pessoas como das sociedades, que pensam que algumas coisas são melhores quando falam sério sobre elas, entretanto, seguem outras distintas quando agem. Há uma espécie de fraqueza moral que é também social. Como se explica?

Algumas religiões, incluindo a judia e a cristã, encontram a resposta em um pecado original, um pecado que foi cometido pelo primeiro casal e que foi transmitido a todo o gênero humano, de tal forma que só a graça divina torna possível a salvação. Essa explicação de um pecado de origem passou para a filosofia, de forma secularizada, no que alguns autores chamaram de "a doutrina do mal radical". Um exemplo bem conhecido é o de Kant, que entende o mal radical como a tendência natural das pessoas de escolher o egoísmo em vez do dever moral. Seguindo os passos de Santo Agostinho e Lutero, Kant chega à famosa afirmação de que o homem é uma árvore torta que não pode ser endireitada.

Segundo essas explicações, a aporofobia, a predisposição de rejeitar os pobres e desamparados, apesar das declarações sobre a igual dignidade de todas as pessoas e sobre a necessidade de se construir um mundo sem excluídos, teria suas raízes na natureza humana, obcecada pelo pecado original na versão religiosa e afligida por um mal radical na interpretação filosófica. Em ambos os casos, a tendência de prestar atenção aos bem situados e de rejeitar os menos favorecidos estaria enraizada na natureza humana.

No entanto, também poderia existir uma *versão biológica* desse mal radical, o que permitiria explicar por que os discursos politicamente corretos declaram que todos os seres humanos são iguais em dignidade, porém, no momento da verdade, que é o da ação, a aporofobia é uma realidade e os pobres são relegados. É possível que a resposta a essa flagrante incoerência esteja em nosso cérebro. Ocorre algo nele para que se abra um abismo entre o discurso e a ação, nesse caso, em relação

---

BÍBLIA. Português. *Bíblia sagrada:* contendo o antigo e o novo testamento. Rio de Janeiro: Sociedade Bíblica do Brasil, 1966, pp. 678-686.

aos pobres? A questão não é irrelevante nestes tempos em que o trabalho das neurociências assume um vigor especial, entre outras razões, por tentar adentrar nesse misterioso órgão de um quilo e duzentos gramas, o cérebro, que dizem ser o mais complexo do universo e, sobretudo, por ser o centro de controle que dirige todas as nossas operações.

Recorrer às neurociências pode ser uma boa ajuda para entender a dissonância entre declarações e ações, porque, ao que parece, a mente consciente não está no centro da ação do cérebro, de forma que a maior parte do que fazemos, pensamos e sentimos segue seu curso sem nosso controle consciente. Freud já trouxe a ideia de que a mente é como um *iceberg* e que a maior parte de sua massa está oculta, de modo que o inconsciente governa grande parte de nossa vida, e, hoje em dia, um autor como Eagleman intitula um dos seus livros como *Incógnito: as vidas secretas do cérebro*. Podemos encontrar no cérebro o porquê de os seres humanos serem xenófobos e aporófobos?

4. As neurociências entram em ação

Em cada época da história, alguma ciência assume uma relevância especial, de modo que em seu campo proliferam pesquisas, projetos e programas em âmbito nacional e internacional. É o caso, hoje em dia, entre outras ciências, da neurociência.[63]

Sem dúvida contam com uma longa história, que se inicia com Hipócrates e tem como marco incontornável o tratado de Thomas Willis, *Cerebri anatome* (1664), passa pelo artigo de John Harlow, em que narra o famoso acidente sofrido por Phineas Gage, mais tarde tratado por António Damásio em *O erro de Descartes*, e chega, é claro, nas investigações de Ramón e Cajal.[64] Porém, desde o final do século XX, uma série de

---

[63] CORTINA, Adela. *Neuroética y neuropolítica:* sugerencias para la educación moral. Madrid: Tecnos, 2011; e CORTINA, Adela (coord.). *Guía Comares de neurofilosofía práctica*. Granada: Comares, 2012.

[64] AMOR PAN, José Ramón. *Bioética y Neurociencias*. Barcelona: Institut Borja de

CAPÍTULO IV - NOSSO CÉREBRO É APOROFÓBICO

avanços colocou a neurociência em primeiro plano, especialmente o progresso das técnicas de neuroimagem, a tomografia por emissão de pósitrons, mas também os psicofármacos, as interfaces neurotecnológicas, tecnologias de estimulação cerebral, os implantes orgânicos e a terapia com células embrionárias. Tudo isso está transformando nossa capacidade de compreender e intervir no cérebro. Nossa compreensão de nós mesmos e as relações entre corpo e cérebro estão sendo redefinidas.[65]

É verdade que as imagens cerebrais apresentam muitos problemas. Por um lado, não são fotografias; o que vemos, de modo estatístico, é qual área do cérebro tem mais fluxo sanguíneo, mas não sabemos se esse aumento é a causa do fenômeno explorado. A interpretação dos resultados depende muito do desenho experimental, o que compromete, frequentemente, a distinção entre causa e consequência e se cai na armadilha da inferência causal não justificada.[66] Como se não bastasse, é necessária uma grande dose de interpretação que não é empiricamente constatável.

Contudo, as neurociências avançaram. Um acontecimento central parece ser a primeira reunião nos Estados Unidos, em 1971, da *Society of Neuroscience*, que adquire vigor especial, sobretudo, a partir dos anos noventa do século XX, a década em que o Congresso dos Estados Unidos declarou como a "década do cérebro". Posteriormente, em 2013, Barack Obama apresentou o projeto *Brain Research through Advancing Innovative Neurotechnologies* (BRAIN), e a União Europeia, *The Human Brain Project* (BP), coordenado pelo neurocientista Henry Makram, também em 2013.

É verdade que o fato de as pesquisas neurocientíficas pressuporem uma grande quantidade de dinheiro levou à suspeita de que talvez sejam, acima de tudo, um negócio rentável que promete mais do que pode oferecer e que será aplicado ao *marketing* empresarial ou político para

---

Bioètica/Universitat Ramon Llull, 2015, pp. 23-27; BLANCO, Carlos. *Historia de la neurociencia*. Madrid: Biblioteca Nueva, 2014.

[65] AMOR PAN, José Ramón. *Bioética y Neurociencias*. Barcelona: Institut Borja de Bioètica/Universitat Ramon Llull, 2015, p. 53.

[66] AMOR PAN, José Ramón. *Bioética y Neurociencias*. Barcelona: Institut Borja de Bioètica/Universitat Ramon Llull, 2015, pp. 43-45.

fins de manipulação, para além de sua utilização em terapias. Recordando aquele famoso artigo de Jürgen Habermas, *Ciência e técnica como ideologia*, poderíamos dizer que as neurociências podem se tornar, inclusive, uma nova ideologia e que é preciso construir uma neurociência crítica.[67]

No entanto e com as devidas cautelas, é possível aprender com elas sobre as bases cerebrais da conduta humana, contando também com o apoio de outras ciências, como a genética, a biologia molecular, a antropologia, a biologia, a matemática e a psicologia evolutiva.[68] Em nosso caso, talvez atendendo a relevantes interpretações sobre o funcionamento do cérebro humano, seja possível esclarecer a contradição pessoal e social de que falamos.

5. O mito do cocheiro

Sem dúvida, existem diferentes versões da natureza do cérebro humano, algumas das quais entendem que se trata de uma máquina que responde mecanicamente a um meio, enquanto outras o consideram como um sistema autônomo ativo em constante interação social. Segundo essa segunda versão, que é a que iremos abordar por ser a mais plausível segundo o estudo dos autores mais relevantes, o cérebro tem a particularidade de ser um órgão essencialmente avaliativo, ou seja, não é neutro, não é alheio aos valores em seu funcionamento, mas muito pelo contrário: ele inevitavelmente faz avaliações para permitir a sobrevivência.[69]

---

[67] CHOUDURY, S. *et al*. "Critical neuroscience: linking neuroscience and society through critical practice". *BioSocieties*, Cambridge, 4.1, 2009, p. 61-77; CHOUDURY y Slaby, 2011. GARCÍA-MARZÁ, Domingo. "Neuropolítica: una mirada crítica sobre el poder". *In*: CORTINA, Adela (coord.). *Guía Comares de neurofilosofía práctica*. Granada: Comares, 2012, pp. 77-96.

[68] CHURCHLAND, Patricia S. *Braintrust*. Princeton: Princeton University Press, 2011, p. 3; SUHLER, Christopher; CHURCHLAND, Patricia S. "The neurological basis of morality". *In*: ILLES, Judy; SAHAKIAN, Barbara J. (eds.). *The Oxford handbook of neuroethics*. Oxford: Oxford University Press, 2011, p. 33.

[69] CHANGEUX, Jean-Pierre. *Neuronal Man*. New York: Pantheon Books, 1985; CHANGEUX, Jean-Pierre. *Sobre lo verdadero, lo bello y el bien*. Madrid: Katz Editores,

CAPÍTULO IV - NOSSO CÉREBRO É APOROFÓBICO

Aparentemente, a evolução por seleção natural deu origem a esse caráter avaliativo do cérebro, pois, sem a capacidade de avaliar estímulos, seríamos incapazes de aprender e recordar. Aprendemos e recordamos porque os estímulos são apresentados a nós em termos de valores negativos ou positivos, os quais levamos em consideração na hora de decidir. É por isso que os valores desempenham um papel central na tomada de decisões e o fazem em pelo menos dois níveis: como uma estrutura biológica básica ou como uma característica do nosso raciocínio moral avançado. Em ambos os casos, os valores estão entranhados em nosso cérebro, por isso não é estranho que esse órgão tenha sido descrito como um órgão narrativo, fiador de seus próprios relatos neurais. Curiosamente, o cérebro é mais um processador de histórias do que um processador lógico. Por essa razão, as histórias atraem nossa atenção muito mais do que os raciocínios. É inadequada a ideia de que o cérebro é uma máquina que funciona como um mecanismo incapaz de avaliar.

Mas o que é verdade, indo um passo além, é algo que conhecíamos pelo menos desde os primeiros pensadores gregos e verificamos por experiência pessoal a cada dia: em cada ser humano existem diferentes tendências em conflito, que não se articulam de forma harmônica na hora de tomar decisões e de agir, e entram em colisão. Platão contava o mito do cocheiro que dirige uma carruagem alada e deve controlar dois cavalos, o branco e o preto; Aristóteles fez com que a ética consistisse na necessidade de encontrar o desejo reto entre os muitos em competição; essa ideia de competição interna permanece na história do pensamento e da ação, como recorda claramente Albert Hirschman em seu excelente livro *As Paixões e os interesses*, quando conta a história do nascimento do capitalismo. É necessário verificar, entre as paixões em conflito, qual é o interesse mais forte que convém atender.

2010; EDELMAN, Gerald M.; TONONI, Giulio. *El universo de la consciência*. Barcelona: Crítica, 2002; EVERS, Kathinka. *Neuroética*. Buenos Aires: Katz, 2010; EVERS, Kathinka "Can we be epigenetically proactive?". *In*: METZINGER, T.; WINDT, J.M. (eds.). *Open Mind: 13* (T). Frankfurt: MIND Group, 2015, pp. 1-21; e FUSTER, Joaquín M. *Cerebro y libertad*. Barcelona: Ariel, 2014.

Essa também é uma das teses de Eagleman, em livro citado anteriormente. Por meio dela, ele se contrapõe à posição defendida por Marvin Minsky em *The Society of mind*. Minsky considera que o cérebro funciona como uma máquina, mecanicamente, como um agrupamento de subagentes, em que cada um realiza uma tarefa, mas, segundo Eagleman, Minsky se esquece que, em uma sociedade e também no cérebro, esses subagentes competem em cada uma das tarefas para controlar o comportamento. Na realidade, os cérebros são feitos de partes conflitantes e se comportam como um time de rivais.[70] Essas partes em conflito podem ser explicadas de várias maneiras: como um "processo duplo", no qual um sistema automático, implícito, heurístico, intuitivo, holístico, reativo e impulsivo entra em conflito com outro sistema regulatório cognitivo, sistemático, explícito, analítico, regulador e reflexivo, como propõe Evans; ou no sentido do id, o ego e superego freudianos; ou também no encontro entre o cérebro reptiliano, o sistema límbico e o neocórtex, de que falou MacLean em 1950. Ainda que essas teorias tenham perdido força, Eagleman considera que é possível falar de sistemas diferentes e propõe dois, o racional e o emocional, que se manifestam claramente em decisões sobre os diferentes dilemas. Em todo caso, o que importa aqui não é determinar o número de sistemas, mas verificar que o cérebro pode ser interpretado como uma equipe de rivais em conflito. Por isso, chegar a negociações internas na hora de agir é fundamental.

Nesse contexto, é muito esclarecedora a anedota que Eagleman conta sobre o ator Mel Gibson. Aparentemente, em 28 de julho de 2006, a polícia detém o astro por excesso de velocidade, aplicando-lhe o teste do bafômetro, cujo resultado foi positivo, bem acima do limite legal. A polícia o prendeu por embriaguez, porém o mais estranho é que Gibson tenha feito comentários caluniosos contra os judeus. Um vazamento possibilitou que o que de fato aconteceu chegasse ao domínio público. Dessa forma, em 29 de julho, o ator foi forçado a apresentar uma ampla nota com pedido de desculpas. Diante desse evento, as reações do público tomaram fundamentalmente dois caminhos.

---

[70] EAGLEMAN, David. *Incógnito:* as vidas secretas do cérebro. Rio de Janeiro: Rocco, 2012, pp. 87-91.

CAPÍTULO IV - NOSSO CÉREBRO É APOROFÓBICO

Uma parte considerou que "o verdadeiro Gibson" é aquele que proferiu insultos antissemitas, porque "no vinho está a verdade", como disse o poeta grego Alceu de Mitilene (*em oino aletheia*) e depois repetido por Plínio, o Velho (*in vino veritas*). Outros, ao contrário, acreditavam que o que realmente se pensa não surge quando a mente é perturbada pelo álcool ou pela ira. Mas há uma terceira possibilidade, que é aquela que Eagleman defende: cada um de nós abriga pensamentos diferentes, que competem entre si e, amiúde, nem temos consciência disso. E acrescenta:

> Eu adoraria que não houvesse nem mesmo um pensamento antissemita, mas temos pouca esperança de controlar as patologias da xenofobia que às vezes infestam os sistemas alheios. A maior parte do que chamamos pensamento acontece sob a superfície do controle cognitivo.[71]

A expressão "os sistemas alheios" se refere aos que se ocupam de tarefas diferentes em nosso cérebro e competem entre si por baixo de nosso controle consciente.

Não há dúvida de que uma anedota como essa se repete continuamente na vida cotidiana, sobretudo quando se trata de figuras públicas. Quando um comentário contrário aos cânones do politicamente correto chega aos meios de comunicação e às redes sociais, a crítica é disparada e o personagem em questão quase sempre se retrata, argumentando que não foi isso que quis dizer, que não é isso que realmente pensa. Naturalmente, com isso, está tentando recuperar sua reputação, que, como veremos mais adiante, é uma questão vital para a convivência e ainda mais para se desenvolver na vida pública. Porém, o mais importante, neste momento, é reconhecer que cada um de nós pode abrigar sentimentos diferentes, que eles estão em conflito interno e que o essencial é se conhecer e optar por reforçar os que acreditamos valer a pena. Quais são esses sentimentos? É possível controlá-los?

---

[71] EAGLEMAN, David. *Incógnito:* as vidas secretas do cérebro. Rio de Janeiro: Rocco, 2012, p. 129.

6. Somos biologicamente xenófobos

Segundo um bom número de autores, como Evers, nossa identidade inata, própria da espécie a que pertencemos, nos predispõe a desenvolver tendências avaliativas universais que nos colocam problemas ao longo da vida, porque muitas vezes se contradizem entre si. Nossa identidade neuronal nos torna sociais e individualistas, porque as tendências conflitantes são fundamentalmente o interesse próprio, a orientação de controle, a dissociação, a simpatia seletiva, a empatia e a xenofobia.[72] Entender o que implica cada uma dessas tendências é da maior importância.

A primeira seria o interesse próprio. A princípio, o cérebro é naturalmente egocêntrico, porque refere todas as suas experiências a si mesmo. Trata-se de uma autoprojeção biológica, ligada à predisposição em desenvolver uma autoconsciência básica, que é uma condição para formar uma consciência de ordem mais elevada.[73] A criança aprende a distinguir objetos ao longo de seu crescimento e a distingui-los dela própria. Paulatinamente, ela se torna um objeto de experiência para si mesma, de modo que, quando tem cerca de um ano e meio, distingue "isto daqui", como "eu", "daquilo dali", como algo que é diferente.

Naturalmente, quando falamos de interesse próprio nesse nível estamos nos referindo a uma tendência biológica avaliativa básica, a um desejo de sobrevivência que é biologicamente expresso no desejo de ser bem alimentado, de se sentir seguro, de se reproduzir e assim por diante. Não estamos falando de uma tendência ética para o que é moralmente bom ou mau.

Esse interesse próprio básico, esse desejo de sobrevivência, nos induz a *controlar* nosso entorno imediato e a buscar o que é familiar, a segurança, a preferir o conhecido. Essa experiência de certa segurança

---

[72] EVERS, Kathinka "Can we be epigenetically proactive?". *In:* METZINGER, T.; WINDT, J.M. (eds.). *Open Mind: 13* (T). Frankfurt: MIND Group, 2015, pp. 1- 2.
[73] EDELMAN, Gerald M. *Bright air, brilliant fire:* on the matter of the mind. New York: Basic Books, 1992.

CAPÍTULO IV - NOSSO CÉREBRO É APOROFÓBICO

é necessária para se desenvolver de forma saudável. Não é estranho que na vida cotidiana prefiramos um entorno controlável, nem que tentemos incorporar o desconhecido ao conhecido.

Como dizia Eagleman, referindo-se precisamente à xenofobia, que mencionamos no início deste capítulo, o medo dos estrangeiros é algo completamente natural. As pessoas preferem aqueles que têm a mesma aparência e falam como elas. Do ponto de vista da nossa cultura, de nossas declarações, essa aversão é inaceitável, mas do ponto de vista biológico, lidar com o familiar dá segurança biológica, enquanto o estranho produz insegurança e desconforto. É por isso que admiramos aqueles que são capazes de abandonar uma vida confortável e embarcar em uma aventura por povos e terras desconhecidas.

Passando à terceira tendência que mencionamos, quando as circunstâncias que encontramos nos perturbam, contamos com um mecanismo de *dissociação*, pelo qual evitamos integrar informações desagradáveis, pelo qual tentamos nos defender. Nesse sentido, pode-se dizer que o ser humano é um "animal dissociativo": ele investe grande quantidade de energia intelectual e emocional em se distanciar das coisas que lhe desagradam. Essa é uma função adaptativa importante para sobreviver.[74]

Cabe pensar, então, que o interesse próprio nos leva a rejeitar informações que nos perturbam, sejam elas acontecimentos ou pessoas. Rejeitamos naturalmente aqueles que nos incomodam e não os integramos às informações que aceitamos. Consequentemente, é possível pensar que o mundo das fobias começa a encontrar suas raízes aqui: rejeição aos estranhos, rejeição a quem parece não contribuir com nada de positivo, rejeição a quem perturba a vida e pode trazer problemas. *A meu ver, a aporofobia tem sua raiz biológica aqui*, nessa tendência de colocar entre parênteses o que consideramos perturbador.

Aparentemente, as emoções que levam aos preconceitos raciais e culturais são baseadas, parcialmente, em emoções sociais que, do ponto

---

[74] EVERS, Kathinka "Can we be epigenetically proactive?" *In:* METZINGER, T.; WINDT, J.M. (eds.). *Open Mind: 13* (T). Frankfurt: MIND Group, 2015, p. 4.

de vista evolutivo, serviam para detectar as diferenças que poderiam sinalizar risco ou perigo e incitar o afastamento ou a agressão. Provavelmente, essas reações obtiveram resultados favoráveis nas sociedades tribais originárias e, ainda que agora não sejam favoráveis em certas ocasiões, nosso cérebro ainda carrega essa maquinaria incorporada.[75]

Entretanto, é certo que ter uma predisposição não implica estar determinado a agir nesse sentido, porque o cérebro está dotado de uma enorme plasticidade que nos permite modulá-lo ao longo da vida; ademais, existem nele outras tendências avaliativas universais que podemos reforçar para reduzir e até eliminar essas fobias, como é o caso da tendência de cuidar dos outros.

Com efeito, no caso dos animais sociais, é verdade que o circuito neural é uma base para o cuidado próprio e o bem-estar, que são os valores mais básicos, mas esse cuidado também está ligado ao dos outros, com os quais existe um vínculo. Autoras como Patricia Churchland consideram que esse vínculo biológico é o que está na base da moralidade.[76] A questão seria a seguinte.

A tendência de cuidar dos filhos, companheiros e das pessoas próximas é adaptativa, direta ou indiretamente, pois, do contrário, não teria sido selecionada e, assim, diminuiria o número daqueles que cuidam dos outros. Provavelmente, os mecanismos que sustentam a conduta cooperativa foram evoluindo e há cerca de trezentos e cinquenta mil anos a organização neuronal foi modificada para cuidar dos outros, dos descendentes indefesos e, segundo as condições empíricas, dos parentes e amigos. Portanto, somos capazes de cuidar de nosso próprio interesse.

Porém, também é verdade que a grande maioria dos neuroeticistas reconhece que esse vínculo de cuidado se estende, desde a origem, aos parentes, aos próximos e à comunidade, mas não a todos os seres

---

[75] DAMÁSIO, António. *Em busca de Espinosa:* prazer e dor na ciência dos sentimentos. São Paulo: Companhia das Letras, 2004, p. 34.

[76] CHURCHLAND, Patricia S. *Braintrust*. Princeton: Princeton University Press, 2011, p. 14.

CAPÍTULO IV - NOSSO CÉREBRO É APOROFÓBICO

humanos. O vínculo de cuidado selecionado pelo processo evolutivo é claramente seletivo.[77] Por isso, podemos falar de outra tendência universal, a *simpatia seletiva*, que se estende aos outros, na proporção de sua proximidade em termos biológicos: reconhecimento facial, distinções entre os de dentro e os de fora do grupo, cultura, ideologia etc. Essa *simpatia seletiva* leva a cooperar com o grupo e considerá-lo um "nós" frente a um "eles".[78] Assim, o problema permanece, porque a distinção entre "nós" e "eles" leva a conflitos inevitáveis quando o interesse próprio colide com a cooperação seletiva.

A simpatia precisa da empatia, que é a capacidade de compreender os sentimentos dos outros, colocando-nos em seu lugar através da imaginação; a capacidade de reconstruir imaginativamente a experiência de outra pessoa, seja feliz, triste, agradável ou dolorosa.[79] Uma interpretação sobre qual é a base da empatia é a existência de neurônios espelho, e o mecanismo é a simulação interior.[80] Mas empatia não é simpatia, pois é possível compreender o estado afetivo do outro sem se sentir comprometido com ele. Na verdade, o torturador é altamente empático com sua vítima, entende qual tortura pode machucá-lo mais e, claro, cuida "dissociativamente" para que essa dor não o afete.

---

[77] CHURCHLAND, Patricia S. *Braintrust*. Princeton: Princeton University Press, 2011; CORTINA, Adela. *Neuroética y neuropolítica*: sugerencias para la educación moral. Madrid: Tecnos, 2011; DAMÁSIO, António. *Em busca de Espinosa:* prazer e dor na ciência dos sentimentos. São Paulo: Companhia das Letras, 2004; EVERS, Kathinka "Can we be epigenetically proactive?". *In:* METZINGER, T.; WINDT, J.M. (eds.). *Open Mind: 13* (T). Frankfurt: MIND Group, 2015; EVERS, Kathinka. *Neuroética*. Buenos Aires: Katz, 2010; HAIDT, Jonathan. *A Mente moralista:* por que pessoas boas se separam por causa da política e da religião. São Paulo: Antonio Kuntz, 2013; HAUSER, Marc D. *La mente moral:* cómo la naturaleza ha desarrollado nuestro sentido del bien y del mal. Barcelona: Paidós, 2008; LEVY, Neil. *Neuroethics*. New York: Cambridge University Press, 2007.

[78] EVERS, Kathinka "Can we be epigenetically proactive?". *In:* METZINGER, T.; WINDT, J.M. (eds.). *Open Mind: 13* (T). Frankfurt: MIND Group, 2015, p. 4.

[79] Nussbaum, 2001, pp. 301-302

[80] RIZZOLATTI, Giacomo; CORRADO, Sinigaglia. *Las neuronas espejo*. Barcelona: Paidós, 2006; JACOBONI, Marco. *Las neuronas espejo*. Barcelona: Katz, 2009.

No entanto, a *simpatia* leva quem a sente a ser afetado pela situação do outro, é um sentimento que se abre à dor do outro.[81] De todo modo, essas capacidades supõem funções cognitivas complexas, tanto de valores biológicos como socioculturais. No caso da simpatia, ao ser seletiva – aproximamo-nos dos que são próximos, mas não dos estranhos –, torna-nos por natureza "empaticamente xenófobos".[82]

Conclui-se, então, que qualquer tentativa de construir estruturas sociais que modulem essa identidade deve levar em conta esse desafio biológico, além dos culturais, políticos e sociais.

Evidentemente, para chegar até esse ponto, nosso cérebro seguiu uma história.

7. Breve história do cérebro xenófobo

Embora essa história seja em boa medida especulativa, porque, obviamente, não há experiência direta das origens, já é um lugar-comum na neuroética reconhecer que nossos cérebros têm códigos de conduta selecionados pela evolução. Aparentemente, na origem das relações sociais, quando o cérebro humano estava sendo construído, os homens viviam juntos em grupos muito pequenos, que não ultrapassavam cento e trinta indivíduos e eram homogêneos em raça e costumes. Os códigos que o cérebro foi incorporando eram fundamentalmente emocionais e necessários à sobrevivência e reforçavam a ajuda mútua, a coesão social e o receio a estranhos.[83] É aqui que começa a história do cérebro xenófobo, porque, segundo um bom número de autores, parte da resposta poderia, ao menos, ser encontrada nos

---

[81] SMITH, Adam. *Teoria dos sentimentos morais*. São Paulo: Martins Fontes, 1999, p. 5; SEN, Amartya. "Rational fools: a critique of the behavioural foundations of economic theory". *Philosophy and Public Affairs*, Princeton, v. 6, n. 4, p. 317-344, 1997; e SEN, Amartya. *Rationality and freedom*. Cambridge: The Belknap Press of Harvard University Press, 2002, pp. 35-37.

[82] EVERS, Kathinka "Can we be epigenetically proactive?" *In:* METZINGER, T.; WINDT, J.M. (eds.). *Open Mind: 13* (T). Frankfurt: MIND Group, 2015, p. 5.

[83] WILSON, J. Q. *The Moral sense*. New York: Free Press, 1993.

CAPÍTULO IV - NOSSO CÉREBRO É APOROFÓBICO

códigos de funcionamento mais primitivos de nosso cérebro, adquiridos ao longo da evolução.[84]

Essas conclusões foram alcançadas, por exemplo, mostrando como nossos cérebros reagem de forma diferente quando devem resolver dilemas morais que afetam pessoas próximas – os dilemas pessoais – e quando afetam pessoas distantes no espaço ou no afeto, ou seja, dilemas impessoais.[85] Quando há proximidade física, ativam-se os códigos morais emocionais profundos de sobrevivência, enquanto, se não houver nenhum, ativam-se outros códigos cognitivos mais frios, ainda mais afastados do senso imediato de sobrevivência.

As técnicas de neuroimagem permitem observar que, em situações morais pessoais, as imagens cerebrais revelam uma grande atividade em zonas que desempenham um papel crucial no processamento das emoções, um circuito que vai aproximadamente do lóbulo frontal até o sistema límbico. Greene também chegou à conclusão de que quando os sujeitos formulam seu juízo contra a maioria, revela-se uma ativação muito maior do córtex pré-frontal dorsolateral, uma área que interfere no planejamento e no raciocínio. Portanto, juízos sobre dilemas morais pessoais implicam uma maior atividade nas áreas cerebrais associadas à emoção e à cognição social.

É por isso que a situação das pessoas próximas nos afeta emocionalmente, algo que não acontece com aqueles que não conhecemos: a partir de uma perspectiva evolutiva, foram selecionadas as estruturas neuronais que associam os instintos à emoção, uma vez que é benéfico ajudar as pessoas de modo imediato. Essa tem sido a chave do altruísmo de grupo, em vista do qual os seres humanos se vinculam estreitamente aos próximos de que necessitam para sobreviver, que lhes resultam familiares, com os quais se sentem mais seguros. Os estranhos, os diferentes

---

[84] GAZZANIGA, Michael S. *El cerebro ético*. Barcelona: Paidós, 2006, pp. 172-173.

[85] GREENE, Joshua D. "Del 'es' neuronal al 'debe' moral: ¿cuáles son las implicaciones morales de la psicología moral neurocientífica?". *In*: CORTINA, Adela (coord.). *Guía Comares de neurofilosofía práctica*. Granada: Comares, 2012, pp. 149-158; GAZZANIGA, Michael S. *El cerebro ético*. Barcelona: Paidós, 2006, pp. 172-173.

representam um perigo, biologicamente. É por isso que a xenofobia, o medo do estranho, a rejeição do diferente, estão biologicamente arraigados. Mas estaria também a aporofobia, o repúdio aos pobres?

8. Aporofobia: os excluídos

Já é um tópico no mundo da antropologia evolutiva e no da neuroética recordar que um dos problemas com os quais se deparou Darwin ao elaborar *A origem do homem e a seleção sexual* foi o do altruísmo biológico. Era difícil para Darwin explicar o altruísmo biológico a partir da hipótese da seleção natural, o fato de que não são apenas os egoístas que triunfam na luta pela vida, mas também os altruístas, que investem parte de suas energias na adaptação aos outros. Por exemplo, do ponto de vista da seleção natural, os indivíduos que não vão à guerra deveriam se reproduzir e aproveitar o fato de que outros vão, e não deveriam se reproduzir os que morrem na guerra por defender o grupo. Como se explica, a partir dessa perspectiva, que os altruístas não desapareçam? No fim das contas, a conduta altruísta parece beneficiar quem a recebe e prejudicar a pessoa que a executa, porque o sujeito altruísta diminui seu investimento em adaptação: a seleção natural deveria varrer aqueles que reduzem seu valor reprodutivo ao investir nos demais.

A resposta de Darwin a esse mistério consistiu em se remeter à seleção de grupo. Ao longo do processo evolutivo, os seres humanos viveram em pequenos grupos, que necessitavam da solidariedade interna de seus membros para sobreviver. Com isso, o comportamento altruísta não proporcionaria vantagens aos indivíduos dentro de um grupo, mas permitiria a seleção entre grupos, de modo que os mais coesos internamente sobreviveriam melhor na luta pela vida. Nas próprias palavras de Darwin:

> Não se deve esquecer que, embora um alto nível de moralidade confira apenas uma ligeira vantagem, ou nenhuma, a cada homem individual e seus filhos em relação aos outros homens da mesma tribo, em vez disso, um aumento no número de homens bem dotados de qualidades e progresso no padrão de moralidade

CAPÍTULO IV - NOSSO CÉREBRO É APOROFÓBICO

> certamente dará a uma tribo uma vantagem imensa sobre outra. Uma tribo que inclui muitos membros, possuindo em alto grau o espírito de patriotismo, fidelidade, obediência, coragem e simpatia, estando sempre dispostos a ajudar uns aos outros e a se sacrificar pelo bem comum, sairá vitoriosa sobre a maioria das outras tribos; e esta será a seleção natural.[86]

Certamente, a explicação de Darwin é atraente para entender que os indivíduos altruístas o sejam pela pressão do grupo que tenta sobreviver. É verdade que a sobrevivência do grupo requer o sacrifício do egoísmo, tanto por amor ao grupo como por interesse próprio, mas o altruísmo de grupos é inevitavelmente xenófobo e excludente, pois se baseia tanto no altruísmo interno do grupo quanto na rejeição a estranhos.

Se nós, os seres humanos, praticamos a simpatia seletiva com crianças, parentes e com membros de nossos grupos, não há compaixão pelos que foram deixados de fora. É inevitável que existam excluídos.

No entanto, essa afirmação parece ser refutada pelo fato de que os seres humanos praticavam e ainda praticam o altruísmo cruzando também as fronteiras do grupo. Assim, a hipótese de seleção de grupo tem sido insuficiente para explicar o altruísmo biológico e um grande número de hipóteses tem surgido para explicá-lo, cobrindo um amplo espectro: desde a ideia do gene egoísta, popularizada por Dawkins, passando pelo altruísmo genético de Hamilton, segundo o qual o indivíduo altruísta está, na verdade, tentando proteger seus genes.[87] Hamilton oferece uma nova fórmula para a regra de ouro, presente em todas morais religiosas e seculares no seguinte sentido: "Trabalhe com os outros na medida em que compartilhem teus genes".[88]

---

[86] DARWIN, Charles. *A Origem do homem e a seleção sexual*. São Paulo: Hemus Livraria Editora, 1974, pp. 171-172.

[87] CORTINA, Adela. *Neuroética y neuropolítica*: sugerencias para la educación moral. Madrid: Tecnos, 2011, cap. 4; CORTINA, Adela (coord.). *Guía Comares de neurofilosofía práctica*. Granada: Comares, 2012, pp. 9-38.

[88] HAMILTON, W. D. "The evolution of altruistic behavior". *American Naturalist*,

Porém, novamente, essa interpretação é insuficiente para explicar o altruísmo biológico, porque existem ações custosas para um indivíduo que vão além da barreira do parentesco. Para explicá-las, a resposta mais plausível é afirmar que existe uma capacidade, presente nos seres humanos e talvez em alguns animais, que é a *capacidade de retribuir*: há ações altruístas que não são explicadas pelo parentesco, mas pela *expectativa de reciprocidade*.

De fato, essa é hoje uma das chaves indispensáveis quando se trata de compreender o comportamento humano, de compreender que os seres humanos estão dispostos a dar com expectativas de receber algo em troca, que estamos dispostos a cooperar como uma forma mais inteligente de sobreviver, uma forma melhor do que buscando o conflito.

A lenda de que os seres humanos são movidos por uma racionalidade maximizadora empenhada em conseguir o benefício máximo a todo custo, está desacreditada. É muito mais racional buscar a cooperação do que o conflito, conseguir aliados do que adversários. Por isso, as pessoas e organizações prudentes entendem suas empresas e negócios como jogos cooperativos, nos quais não almejam obter o máximo benefício, perca quem perder, senão que estão dispostas a contentar-se com a segunda ou terceira opção mais desejável para todos. A união de forças sempre alcança algo positivo e cria algo tão desejável para o futuro quanto os laços de cooperação, altamente lucrativos a médio e longo prazo.

Assim, tem sido reconhecido nos últimos tempos em todas as esferas da vida social que a figura do *homo oeconomicus*, maximizador de seu lucro, deve ser substituída pela do *homo reciprocans*, do homem capaz de dar e receber, de retribuir, cooperar, que se move racionalmente, mas também por instintos e emoções e não apenas pelo cálculo da utilidade máxima.[89] Ocorre que, ao se verificar que o jogo de dar e receber é benéfico para o grupo e para os indivíduos que o compõem, esse jogo

---

Chicago, n. 97, pp. 354-356, 1964; e HAMILTON, W. D. "The genetical evolution of social behavior". *Journal of Theoretical Biology*, Amsterdam, n. 7, pp. 1-52, 1964.

[89] NOWAK, M; SIGMUND, K. "Shrewd investments". *Science*, Washington, v. 288, n. 5.467, p. 819, 2000; CONILL, Jesús. "Neuroeconomía". *In:* CORTINA, Adela (coord.). *Guía Comares de neurofilosofía práctica*. Granada: Comares, 2012, pp. 39-64.

CAPÍTULO IV - NOSSO CÉREBRO É APOROFÓBICO

foi se cristalizando em regras de reciprocidade indireta que formam o esqueleto no qual se sustentam as sociedades contratuais em que vivemos, regidas pelo Princípio da Troca. Qualquer ação espera um retorno, a reciprocidade é a base da cooperação, mas esse retorno nem sempre precisa vir do beneficiário, ele pode vir de outros.

É a essa cooperação que Kropotkin se referia num clássico do anarquismo. Em *Ajuda mútua: um fator de evolução* documenta, com dados empíricos, que a ajuda mútua é um fator melhor para a sobrevivência do que a competição. É também a essa cooperação que Kant se referiu algumas décadas antes, em seu escrito *À Paz Perpétua*, quando disse que mesmo um povo de demônios, de seres sem sensibilidade moral, preferiria formar um Estado de Direito, em que os indivíduos sejam protegidos pelas leis, do que ficar desamparado em um Estado sem leis, em que qualquer um pode tirar sua vida, sua propriedade e a liberdade de decidir seu próprio futuro. Porém, a isso Kant acrescentou que os demônios prefeririam entrar nesse Estado e renunciar à liberdade sem leis, mas desde que fossem inteligentes.[90]

Parece, então, que estamos biologicamente preparados para o egoísmo, mas também para a cooperação. Por isso, o individualismo egoísta é uma invenção sem fundamento, que cumpre uma missão ideológica. O princípio adaptativo foi cunhando esse cérebro contratualista, que nos leva não a buscar o bem maior para o maior número de pessoas, não a promoção dos mais favorecidos, mas a selar um pacto de ajuda mútua com todos aqueles que são necessários para nossa sobrevivência e prosperidade.

Porém, se uma das tendências avaliativas típicas de nossa espécie é a tendência de tentar se distanciar dos acontecimentos ou pessoas que possam ser perturbadores e não benéficos, e se é verdade que somos "animais dissociativos", preparados para colocar entre parênteses as situações e as pessoas que tragam consigo problemas, não é estranho que sempre existam excluídos em nossas sociedades. São aqueles que não obtêm vantagem no processo infinito de troca, que parecem não contribuir com nada de positivo para sua própria sobrevivência e bem-estar.

---

[90] KANT, Immanuel. *À Paz Perpétua*. Covilhã: Universidade da Beira Interior, 2008, p. 29.

É verdade que existem racismo e xenofobia por parte dos que rejeitam quem pertence a outra raça ou etnia, assim como existe o nepotismo e o familismo amoral coloca seus filhos e parentes à frente de qualquer outra pessoa, mesmo que seja com flagrante injustiça. É verdade que existe esse comunitarismo fortalece a identidade e os símbolos do grupo, como se vivêssemos na época dos caçadores-coletores. E também é verdade que, felizmente, indivíduos, organizações e instituições prudentes aprenderam que cooperar é muito mais sábio do que tentar o máximo por meio do conflito. Mas também continua sendo verdade que, infelizmente, na sociedade contratualista e cooperativa de troca se exclui o *radicalmente o estranho*, o que não entra no jogo da troca, porque não parece que possa oferecer qualquer benefício em retorno. Esse é o pobre em cada âmbito da vida social.

Os pobres são aqueles que não têm a possibilidade de dar algo em troca em um mundo baseado no jogo de dar e receber. Assim, parece que levá-los em consideração implica perder capacidade adaptativa biológica e social, pois são os bem situados que podem ajudá-los a sobreviver e prosperar.

Quem são os "sem poder"? Podem ser os descapacitados psíquicos, os doentes mentais, os pobres de solenidade, os sem papéis, os "descartáveis", os sem amigos bem situados. Em cada esfera social, aqueles que não podem devolver os bens que nela são trocados, que podem ser favores, empregos, cargos, dinheiro, votos, apoio para ganhar as eleições, honras e regalias que satisfazem a vaidade.

Este é o terreno fértil, biológico e social, da aporofobia, da aversão aos *áporoi*, aos que nada têm de bom a oferecer em troca. E não só se estiverem longe, mas ainda mais se estão perto e podem causar problemas, se pertencem à própria família e são tratados como uma vergonha a ser escondida.

A boa notícia, porém, é que nosso cérebro tem grande plasticidade e é influenciado socialmente, inclusive antes do nascimento.[91]

---

[91] CODINA, Maria José. *Neuroeducación en virtudes cordiales:* cómo reconciliar lo que decimos con lo que hacemos. Barcelona: Octaedro, 2015.

CAPÍTULO IV - NOSSO CÉREBRO É APOROFÓBICO

Natureza e cultura influenciam-se mutuamente, de modo que podemos dizer que a construção de nosso cérebro é biossocial, que a aprendizagem e a experiência estão interligadas com a ação dos genes.[92] Será crucial, pois a educação formal e informal, serão essenciais as decisões tomadas ao longo da vida, mas também a criação de instituições e organizações que reforcem o reconhecimento dos que não têm poder.

Segue-se que, para estar à altura daquele sonho compartilhado com o qual começamos este capítulo, nem o egoísmo, nem mesmo o desejo de cooperar são suficientes enquanto critérios de conduta. É preciso ir além disso, em direção ao reconhecimento recíproco da dignidade e à compaixão, que rompe barreiras e se estende universalmente.[93] Isso não vem inscrito nos genes, instalado no cérebro, mas o bebemos nas tradições culturais, as quais constituem a experiência humanizadora por excelência.

---

[92] LEWONTIN, Richard; ROSE, Steven; KAMIN, Leon. *No está en los genes:* crítica del racismo biológico. Barcelona: Crítica, 1996.

[93] CORTINA, Adela. 2007, p. 125.

Capítulo V
CONSCIÊNCIA E REPUTAÇÃO

> *É mais fácil lidar com uma má consciência do que com uma má reputação.*
>
> F. Nietzsche,
> *A Gaia ciência*

1. A necessidade de educar a consciência

A aporofobia tem bases cerebrais e sociais que, felizmente, podem ser modificadas, e os caminhos mais adequados para essa transformação são a educação, entendida em sentido amplo, e a construção de instituições econômicas, políticas e sociais capazes de promover o respeito à igual dignidade de cada uma das pessoas concretas. Porém, os dois caminhos seriam intransitáveis se não existisse nas pessoas o que se chama tradicionalmente de "consciência moral", capaz de assumir o controle da própria vida, capaz de agir por si mesma e não apenas por pressão do entorno.

É verdade que nos últimos tempos algumas vozes insistem em recorrer a um terceiro expediente um tanto novo, que é o biomelhoramento moral (é disso que trataremos no próximo capítulo). Mas mesmo para tentar melhorar a motivação moral por meios como os fármacos, seria necessário averiguar previamente se existe uma consciência pessoal capaz de optar por esses remédios a partir da liberdade e não apenas de imposições autoritárias. Afinal, apenas a liberdade pode ser um caminho para a liberdade.

Ocorre que nesse caminho aparece constantemente, como a outra face da moeda da consciência, essa valorização que a sociedade faz das ações e que leva o nome de "reputação". O reconhecimento de boa ou má reputação no caso das pessoas, empresas, organizações ou instituições é um instrumento muito poderoso que a sociedade pode usar, e de fato utiliza, para incentivar um tipo de ação e enfraquecer outras, para reforçar condutas pró-sociais ou justamente o contrário. Precisamente por isso, é essencial conhecer e ponderar a força da reputação, mas, ao mesmo tempo, fortalecer a consciência para que saiba discernir e agir sem se submeter ao imperativo do que é socialmente correto. Caso contrário, apenas as fobias socialmente proibidas serão repudiadas e aquelas aceitas pela força social serão tidas como certas.

2. O anel de Giges

No início de sua excelente novela *Las buenas conciencias*, o escritor mexicano Carlos Fuentes cita uma frase que, no livro, atribui a Emmanuel Mounier.[94] Embora a verdade seja que a frase é originalmente de Nietzsche, não é nessa discussão que queremos entrar no que segue, mas, sim, no conteúdo desse pequeno texto, que Fuentes escreve em francês e que não poderia ser mais significativo: "*On s'arrange mieux de sa mauvaise conscience que de sa mauvaise réputation*",[95] cuja tradução seria "É mais fácil lidar com uma má consciência do que com uma má reputação". O desenvolvimento da obra confirma amplamente essas palavras.

---

[94] FUENTES, Carlos. *Las buenas conciencias*. México: Alfaguara, 2003, p. 10. Esses aparatos têm sua origem na intervenção na sessão da Real Academia de Ciencias Morales y Políticas, em 17 de março de 2015, e em "Conciencia y reputación", *El País*, 22 de agosto de 2015.

[95] "Man wird mit seinem schlechten Gewissen leichter fertig, als mit seinem schlechten Rufe". NIETZCHE, Friedrich. "Die fröhliche Wissenschaft". In: _____. *Kritische Studien Ausgabe*. Berlín, 1999, p. 416.

CAPÍTULO V - CONSCIÊNCIA E REPUTAÇÃO

Com elas, o autor alude, obviamente, à duas dimensões do mundo humano, que poderiam ser consideradas interna e externa. A consciência representaria o mundo interior; a reputação se referiria à valorização que a sociedade faz das ações de uma pessoa. Um certo tipo de consciência e de reputação mereceriam a qualificação de "morais" e delas nos ocuparemos perguntando desde o começo se não poderia ser que coincidam e que não houvesse a distinção "interno-externo". Nesse caso, a consciência moral não seria mais do que a internalização que cada sujeito faz das regras de sua própria sociedade ou de uma sociedade na qual ele se enquadra idealmente e na qual gostaria de ser bem acolhido.

Não teria sentido, então, a célebre lenda do anel de Giges, que Platão conta no Livro II de *A República*, porque cada pessoa viveria, afinal de contas, de pura exterioridade. O contexto em que a lenda é relatada é o do diálogo sobre o que é a justiça, no qual intervêm Glaucón, Adimanto, Trasímaco e Sócrates. É Glaucón quem conta a lenda do pastor que encontra um anel que torna o portador invisível apenas ao girá-lo. Usando-o, ele seduz a rainha de Lidia, mata o rei e se apodera do reino. A pergunta que Glaucón levanta é muito sugestiva:

> Se houvesse dois anéis como o de Giges e déssemos um ao justo e o outro ao injusto, o comportamento de ambos não seria diferente, já que ninguém é justo de bom grado, senão por força (...), visto que quando alguém acredita que a injustiça é muito mais vantajosa pessoalmente, ele a comete".[96]

O justo é aceito não porque seja bom em si mesmo, mas porque não há força suficiente para cometer a injustiça.

Certamente, no contexto do diálogo, Glaucón está agindo como o advogado do diabo. Ele está convencido de que a justiça é boa em si mesma e não pelas consequências que possa trazer, e de que a injustiça é rejeitável por si mesma, mas com seu relato pretende incitar Sócrates a dar razões decisivas em favor da justiça. Na opinião de Glaucón, as

---

[96] PLATÃO. *A República*. São Paulo: Difusão Européia do Livro, 1965, Livro II, p. 112.

pessoas comuns acreditam que a injustiça é pessoalmente mais rentável do que a justiça, mas, ao mesmo tempo, é aconselhável aparentar que se age com justiça por medo de perder a reputação e de outras formas de punição social. Glaucón espera de Sócrates argumentos contundentes para desarticular essa opinião que, segundo ele, seria apenas das pessoas comuns.

Porém, deixando o texto de Platão de lado por um momento, o que aconteceria se as pessoas comuns estivessem certas? O que aconteceria se o que foi chamado de "consciência moral", da qual deveria fazer parte a ideia de justiça, fosse apenas um cálculo prudencial de até onde se pode chegar na busca do benefício próprio sem provocar a rejeição do corpo social?

A pergunta sobre a natureza da consciência moral faz parte da filosofia ocidental, pelo menos desde os pitagóricos, Sócrates, Platão e Aristóteles, estoicos e epicuristas, o mundo medieval, os iluministas e Hegel, até chegar nas filosofias da suspeita, que questionaram a centralidade da consciência, ou Heidegger, Lévinas e Jonas, que a colocaram novamente sobre a mesa,[97] e em nosso século XXI continua sendo um tema de reflexão. Mas o triunfo do naturalismo como método adequado para se aproximar da realidade da natureza e do comportamento humano, cada vez mais fertiliza a ideia de compreender essa consciência, não como uma voz interior, não como um *daímon* interior ao estilo socrático, senão *como um cálculo prudencial ligado à reputação*.

A questão não poderia ter maior transcendência e atualidade. No que diz respeito à vida social, a consciência moral é indispensável nas sociedades modernas em que se reconhecem a liberdade de consciência,

---

[97] Para um relato histórico esclarecedor sobre a noção de consciência, ver GÓMEZ, Carlos. "Conciencia". *In:* CORTINA, Adela (coord.). *Diez palabras clave en ética*. Estella: Verbo Divino, 1998, p. 17-71; HILL JR., Thomas E. "Four conceptions of conscience". *In:* SHAPIRO, Ian; ADAMS, Robert. *Integrity and conscience*. New York: New York University Press, 1998, p. 13-52; OJAKANGAS, Mika. *The Voice of conscience*: a political genealogy of western ethical experience. New York: Bloomsbury, 2013. Com especial atenção a CONILL, Jesús. "La voz de la consciencia: la conexión noológica de moralidad y religiosidad en Zubiri". *Isegoría*, Madrid, n. 40, 2009, pp. 115-134.

CAPÍTULO V - CONSCIÊNCIA E REPUTAÇÃO

a objeção de consciência, as cláusulas de consciência e de desobediência civil, as quais, embora diferentes da objeção de consciência, não podem prescindir da consciência moral. No que se refere à consciência pessoal, sem consciência de suas obrigações e que supõe responsabilidade, a vida moral se dilui. Como criticar a corrupção, o engano ou a hipocrisia se só o medo de perder a reputação constitui a consciência? Como educar sujeitos morais, que deveriam ser a substância de uma sociedade democrática, se carece de sentido tentar formar sua consciência?

Nesse sentido, é interessante a caracterização da moralidade feita por Moll, uma caracterização usual no âmbito das ciências sociais. Sendo especialista no tema das emoções morais, ele entende que essas emoções "estão intimamente ligadas aos interesses ou ao bem-estar da sociedade como um todo ou de outras pessoas que não o agente".[98] Essa tendência de vincular a moralidade com os comportamentos que reprimem o egoísmo e potencializam a solidariedade é muito usual e está bem explicitada, a meu ver, na conhecida caracterização de Durkheim, que Jonathan Haidt recorre em algum momento, ao entender que tudo o que é fonte de solidariedade é moral, tudo que obriga o homem a regular suas ações por algo diferente de seu egoísmo.[99] O próprio Haidt assume isso e expande sua concepção da moral ao dizer que:

> os sistemas morais são conjuntos entrelaçados de valores, virtudes, normas, práticas, identidades, instituições, tecnologias e mecanismos psicológicos evoluídos, que trabalham conjuntamente para suprimir ou regular o interesse próprio e tornar as sociedades tão cooperativas quanto possível.[100]

---

[98] MOLL, Jorge *et al.* "The Neural correlates of moral sensitivity: a functional magnetic resonance imaging investigation of basic and moral emotions". *The Journal of Neuroscience*, Oxford, n. 22 (7), p. 2730, 2002; MOLL, Jorge. "The neural basis of human moral cognition". *Nature Reviews Neuroscience*, London, n. 6, p. 807, 2005.
[99] HAIDT, Jonathan. *A Mente moralista:* por que pessoas boas se separam por causa da política e da religião. São Paulo: Antonio Kuntz, 2013, p. 220.
[100] HAIDT, Jonathan. *A Mente moralista:* por que pessoas boas se separam por causa da política e da religião. São Paulo: Antonio Kuntz, 2013, p. 220.

A moralidade consistiria, então, no conjunto de valores, princípios e costumes que controlam o egoísmo e reforçam a cooperação e a solidariedade, a princípio entre os seres humanos próximos e paulatinamente também no conjunto da humanidade. A mensagem que se extrairia seria a seguinte: a convivência de seres radicalmente egoístas seria inviável e, por isso, a moralidade é produto das pressões da evolução, as quais conformaram mecanismos sociais cognitivos e emocionais já presentes em nossos antepassados, até atingir formas humanas de experiência. A evolução do córtex pré-frontal estaria intimamente relacionada ao surgimento da moralidade. Como se produziu essa evolução?

Essa constatação sociológica tem um endosso biológico na teoria da evolução darwiniana, da qual já falamos, ainda que, para isso, se tenha feito necessário, a princípio, passar da seleção individual para a seleção de grupo.

3. A origem biológica da consciência moral

O estudo da consciência moral tem uma longa história, cujo início no mundo filosófico ocidental geralmente é situado em Sócrates. Poderia parecer, então, que se preocupam fundamentalmente com isso autores não naturalistas, ou seja, autores que procuram ir com sua reflexão para além da experiência sensível e acessar um âmbito abstrato, no qual se descobrem conceitos e valores universais distantes do mundo biológico.[101]

---

[101] Uma boa caracterização de naturalismo é oferecida por Robert Audi ao apresentá-lo como "a posição que sustenta que a natureza – entendida como o universo físico – é tudo o que há; em segundo lugar, que as únicas verdades básicas são as verdades da natureza; e, em terceiro lugar, que o único conhecimento substancial é o dos fatos naturais." AUDI, Robert. *La percepción moral*. Madrid: Avarigani, 2015, p. 28. Acerca da disputa sobre o naturalismo ético ver, entre outros, NUCCETELLI, Susana; SHEA, Gary (eds.). *Ethical naturalism:* current debates. Cambridge: Cambridge University Press, 2012; JOYCE, Richard. "The origins of moral judgement". *In:* WAAL, Frans B. M. de; CHURCHLAND, Patricia S.; PIEVANI, Telmo; PARMIGIANI, Stefano (eds.). *Evolved morality*: the biology and philosophy of human conscience. Boston: Brill, 2014, p. 261-278; KITCHER, Philip. "Is a naturalized ethics possible?". *In:* WAAL, Frans B. M. de; CHURCHLAND, Patricia S.; PIEVANI, Telmo; PARMIGIANI, Stefano

CAPÍTULO V - CONSCIÊNCIA E REPUTAÇÃO

Entretanto, esse não é o caso e, como exemplo, podemos citar o texto de um autor declaradamente naturalista, Charles Darwin, que afirma taxativamente em *A Origem do homem e a seleção sexual*:

> Subscrevo totalmente a opinião dos autores que sustentam que, de todas as diferenças entre o homem e os animais inferiores, o senso moral ou consciência é de longe o mais importante. Esse sentido, como aponta Mackintosh, "tem supremacia legítima sobre qualquer outro princípio da ação humana".[102]

A consciência moral não é, portanto, segundo Darwin, uma dimensão insignificante da vida humana, mas, senão que marca a diferença mais relevante entre o homem e o animal e tem supremacia sobre qualquer outro princípio humano. Ele insiste nisso reiteradamente ao longo de sua obra. Certamente, entre os seres humanos e certos animais não humanos, como os chimpanzés, existe um conjunto de disposições comuns que poderíamos chamar de "proto-morais" ou, para dizer como De Waal, os *building blocks* da moralidade, os tijolos que permitem sua construção, entre os quais se destacam a reciprocidade, o consolo, a aversão à inequidade, a empatia e o cumprimento de regras de conduta reforçadas pelos outros.[103] Em alguns casos é discutível se os animais também são dotados desses materiais, mas, ainda que fossem, a verdade é que ainda não são capazes de desenvolver o sentido moral ou a consciência, falta algo mais. Em que consiste essa dimensão? De acordo com Darwin:

> Em última instância, nosso senso moral ou nossa consciência torna-se um sentimento muito complexo: origina-se em instintos sociais, é conduzido em grande parte pela aprovação de nossos semelhantes, regido pela razão, interesse próprio e, nos últimos

---

(eds.). *Evolved morality*: the biology and philosophy of human conscience. Boston: Brill, 2014, p. 245-260; ORTEGA, César. "¿Naturalizar la idea de justicia? Una respuesta crítica desde la teoría moral de Jürgen Habermas". *Pensamiento*, Madrid, n. 272, 2016.

[102] DARWIN, Charles. *A Origem do homem e a seleção sexual*. São Paulo: Hemus Livraria Editora, 1974, p. 125.

[103] Frans B. M. de Waal, 1992, 2006.

tempos, por profundos sentimentos religiosos, e confirmados pela instrução e pelo hábito.[104]

A *origem* da consciência moral é, portanto, constituída pelos instintos sociais dos seres humanos e permite constituir uma trama de condições que faltam ao animal não humano, como a aprovação, a razão, o interesse próprio, a instrução, o hábito e os sentimentos religiosos.[105] Certamente, a afirmação da *origem social* da consciência já é um lugar comum na hora de explicar sua procedência biológica. Essa talvez seja a razão pela qual às vezes se confunda seu caráter pessoal e se chegue a identificar "moral" com "social".

Do ponto de vista evolutivo, a aparição da consciência moral parece ligada ao "mistério do altruísmo biológico", de que já tratamos.[106] Como se pode explicar a partir da hipótese da seleção natural que os altruístas não desaparecem? Darwin aduziu como possível causa a seleção de grupo: o comportamento altruísta não proporcionaria vantagens para os indivíduos dentro de um grupo, mas permitiria a seleção entre os grupos, porque grupos solidários internamente resistiriam mais na luta pela sobrevivência.[107] Uma hipótese muito sugestiva que, entretanto,

---

[104] DARWIN, Charles. *A Origem do homem e a seleção sexual*. São Paulo: Hemus Livraria Editora, 1974, p. 171.

[105] Ver RICHART, Andrés. "El origen evolutivo de la agencia moral y sus implicaciones para la ética". *Pensamiento*, Madrid, n. 272, 2016.

[106] Para uma compilação de interpretações sobre a consciência a partir de uma perspectiva evolucionista, ver WAAL, Frans B. M. de; CHURCHLAND, Patricia S.; PIEVANI, Telmo; PARMIGIANI, Stefano (eds.). *Evolved morality*: the biology and philosophy of human conscience. Boston: Brill, 2014.

[107] "No caso dos seres humanos, o egoísmo, a experiência e a imitação se acrescentam seguramente à capacidade de simpatia, como demonstrou Mr. Bain, porque nos impulsiona a esperança de receber o bem em troca da realização de atos amáveis e compassivos pelos demais; e a compaixão é muito reforçada pelo costume. Por mais complexa que seja a maneira em que esse sentimento possa ter se originado, uma vez que é de grande importância para todos os animais que se ajudam e se defendem mutuamente, teve que se ver aumentado mediante a seleção natural, porque aquelas comunidades que incluíam um maior número de membros mais compassivos prosperaram e produziram o maior número de descendentes". DARWIN, Charles. *A Origem do homem e a seleção sexual*. São Paulo: Hemus Livraria

CAPÍTULO V - CONSCIÊNCIA E REPUTAÇÃO

deixa sem explicar o altruísmo individual, porque os grupos estão repletos de aproveitadores dispostos a viajar às custas dos outros, calculando como fazer para não serem prejudicados. Como o altruísmo individual é explicado então? Na resposta a essa pergunta a aparição da consciência moral ocupa um lugar importante.

4. O sentimento de vergonha e a agressão moralista

A resposta mais convincente é que os grupos, ao longo da evolução, se protegem punindo os aproveitadores de várias maneiras: eliminando-os fisicamente, condenando-os ao ostracismo ou fazendo-os sofrer a vergonha de privá-los de sua reputação. Isso é o que se denomina seleção social.

Já em 1971, Robert Trivers identificou a "agressão moralista" como uma força seletiva no descumprimento de normas dos caçadores-coletores, uma força coercitiva que é constantemente usada em nossas sociedades e que deve ser estudada em profundidade.[108] Graças a essa agressão, na época dos caçadores-coletores, os aproveitadores ficavam fora do mercado e tinham poucas opções de reprodução, enquanto os altruístas eram mais apreciados pela coletividade e tinham maiores possibilidades de reprodução.[109] Mas para que esse mecanismo funcionasse, era necessário que os indivíduos adquirissem um conjunto de capacidades que foram decisivas na conformação da biologia da consciência moral. Um conjunto dessas capacidades que compõe o que Alexander chamou de "reciprocidade indireta", que são a capacidade de presumir as intenções

---

Editora, 1974, pp. 137-138.

[108] TRIVERS, R. L. "The evolution of reciprocal altruism". *Quarterly Review of Biology*, Chicago, n. 46, 1971, pp. 35-57.

[109] Esta convicção de que internalizamos a regras sociais e daí a conduta altruísta é também compartilhada, entre outros, por SIMON, Herbert. "A mechanism for social selection and successful altruism". *Science Review,* Washington, n. 250, 1990, pp. 1665-1668, 1990; GINTIS, H. "The hitchhiker's guide to altruism: Gene-culture coevolution and the internalization of norms". *Journal of Theoretical Biology*, Amsterdam, n. 220, 2003, pp. 407-418.

das outras pessoas e, portanto, de detectar aqueles que intencionalmente violam as normas do grupo, a capacidade de punir os infratores, ainda que a promoção da punição seja dolorosa para quem a pratica, e a capacidade de postergar a gratificação.[110]

Contudo, para o surgimento da consciência moral é essencial *a consciência de que existem as leis do grupo, de que violá-las vai levar a castigos físicos ou espirituais e, em todos os casos, ao desprezo dos companheiros*, e especialmente, o sentimento de *vergonha*, experimentado ao se perder a *reputação* no seio do grupo. Portanto, a reputação é essencial para sobreviver. Não é estranho que Darwin tenha escrito aos administradores coloniais e missionários perguntando se os povos indígenas da Ásia e da África estavam corando de vergonha e tenha chegado à conclusão de que toda a espécie humana fica vermelha, ter uma cor facial por razões sociais é único da espécie humana, o que faz com que pareça que as reações de vergonha tenham uma base inata, de que não se trata de uma questão cultural.[111]

O sentimento de vergonha e o desejo de reputação seriam indispensáveis para a sobrevivência não só dos grupos, mas também *dos indivíduos*, e, com sua aparição, se daria o passo essencial na evolução moral humana.

Como se chegou a esse ponto é do maior interesse porque a hipótese da *fofoca* cobra cada vez mais força. Supostamente, os indivíduos das tribos de caçadores-coletores murmuravam e criticavam os violadores das regras do grupo. Por sua vez, os membros do grupo se comportavam de forma altruísta para manter as suas reputações. De acordo com essas versões, a preocupação com a aprovação e a reprovação dos outros é o estímulo mais importante para desenvolver virtudes sociais, um estímulo ancorado no sentimento de simpatia.[112] A simpatia, a capacidade de compreender o sofrimento e a alegria dos

---

[110] ALEXANDER, Richard D. *The Biology of moral systems*. New York: Aldine de Gruyter, 1987.

[111] BOEHM, Christophe. *Moral origins*. New York: Basic Books, 2012, p. 14.

[112] DARWIN, Charles. *A Origem do homem e a seleção sexual*. São Paulo: Hemus Livraria Editora, 1974, p. 141.

demais, é imprescindível para poder se compadecer e se comprometer com eles, mas também nos torna enormemente dependentes, porque nos preocupamos com a visão que eles têm de nós; a nossa reputação nos importa.[113]

5. O jardim do Éden natural

Chegado a esse ponto, é inevitável recordar o relato do livro de Gênesis: ao violarem o mandato divino, Adão e Eva tomaram consciência de que estavam nus e sentiram vergonha. Consciência da lei e vergonha por tê-la infringido parecem se encontrar nas origens da consciência moral do bem e do mal. Seria possível falar, como de fato se faz, de uma versão bíblica e de uma versão naturalista do Jardim do Éden; na primeira, o mandato é divino, na segunda, biológico.[114]

No relato de Gênesis, a vergonha da própria nudez pode ser interpretada como uma forma de expressar a consciência da culpa em sociedades que dão extrema importância às formas de relação sexual. Mas também pode se referir à vergonha por se ter sido flagrado violando a norma, por se sentir exposto à repreensão pública, perdendo, assim, a reputação. A expulsão do Jardim do Éden poderia relatar o cansaço no trabalho e as dores do parto, mas também o profundo sofrimento espiritual de ser descoberto como infrator, assim como Caim foi castigado por seu crime e exilado na Terra Perdida, a leste do Éden.

---

[113] Se as coisas foram assim, Hume tinha razão ao assegurar em seu estudo da natureza humana que o orgulho e o sentimento de inferioridade são paixões naturais e originais dos homens, ligadas ao sentimento de simpatia. Os indivíduos se sentem orgulhosos ao contemplar sua virtude, riqueza e poder, e essa impressão de orgulho é agradável, enquanto o sentimento de inferioridade suscita a impressão oposta. Vivemos da opinião alheia e por isso "acreditamos sermos mais felizes e também mais virtuosos e belos, quando assim parecemos aos demais, e quando ainda não gozamos mais de nossas virtudes do que de nossos prazeres". HUME, David. *Tratado da natureza humana*. São Paulo: Ed. UNESP, 2009. Se as sensações mais básicas dos seres humanos são a do agradável e desagradável, o orgulho agrada e o sentimento de inferioridade desagrada e a isso estaria ligada a vida moral.

[114] BOEHM, Christophe. *Moral origins*. New York: Basic Books, 2012, cap. VI.

Essa seria a força da vergonha social, que hoje alguns intelectuais avaliam como um mecanismo para acabar com a corrupção e as más práticas, mas que é uma faca de dois gumes, porque usada por quem tem o poder, não por quem tem razão, e de acordo com as normas do grupo social, que nem sempre são justas. Justamente por isso, essa arma pode ser usada contra os mais fracos, contra aqueles que não podem retribuir benefícios ou nem mesmo fazer vingança, e também pode se tornar mais um instrumento de dominação do poder. É preciso aguçar o discernimento a cada momento, a capacidade crítica, para descobrir quem são os mais fracos.

6. O que diz a voz da consciência?

Entretanto, voltando ao relato evolutivo da consciência moral, o que queremos dizer quando falamos sobre ela? Diversas acepções foram oferecidas a partir de uma perspectiva evolutiva, mas duas delas são especialmente interessantes.

Uma possibilidade é que se trate de uma voz interior estratégica que nos aconselha como buscar nossos interesses de forma prudente, sem perturbar o grupo que pode nos punir por violar suas normas. Segundo esta versão, o ser humano é egoísta e, para atingir seus objetivos, deve calcular até que ponto pode chegar na busca de seus interesses egoístas sem perder sua reputação e seus bens. A consciência moral seria, então, como diz Alexander, "a pequena voz silenciosa que nos diz até onde podemos ir ao perseguir nossos interesses sem correr riscos intoleráveis".[115]

Porém, também é possível entendê-la de uma forma menos estratégica, mas igualmente adaptativa, como a tendência a se identificar com os valores da própria comunidade, com as regras do próprio grupo, conectando-se emocionalmente com elas para que nos sintamos orgulhosos quando obedecemos e envergonhados quando não o

---

[115] ALEXANDER, Richard D. *The Biology of moral systems*. New York: Aldine de Gruyter, 1987, p. 102.

CAPÍTULO V - CONSCIÊNCIA E REPUTAÇÃO

fazemos.[116] Essa identificação favorece a inserção no grupo, sentindo-se e sabendo-se aceito nele, o que é uma das necessidades básicas do ser humano, segundo a célebre pirâmide de Abraham Maslow.

Dessa perspectiva, a realidade neurobiológica da consciência consistiria na dor que sentimos quando somos rejeitados, no prazer de pertencer a um grupo e na imitação daqueles que admiramos.[117] As diferentes áreas do cérebro teriam evoluído para nos dar nossa faculdade moral, que consistiria no senso de certo e errado, na capacidade de corar e se envergonhar, no senso de empatia, no conhecimento de que podemos ser punidos, na consciência de nossa reputação, na consciência de que podemos tirar proveito de ter uma boa reputação e também na consciência do limite em que é preciso parar. A consciência nos ajuda a tomar decisões para manter nossa reputação social e para parecermos pessoas valiosas, pois é a forma que temos de alcançar a autoestima, levando em conta que a autoestima é um dos bens que ninguém desejaria renunciar.[118]

Mas e se o infrator não fosse descoberto, de modo que não houvesse espaço para a perda de reputação e nem para a vergonha?

Com essa pergunta, voltamos à lenda do anel de Giges. Seguindo o discurso de Glaucón, o homem que se faz invisível poderia matar, roubar ou violar impunemente, pois o anel anularia as condições de fraqueza que nos obrigam a ser justos para sobreviver. Girando o anel, o homem justo e o injusto agiriam da mesma forma, pois, gozando ambos

---

[116] BOEHM, Christophe. *Moral origins*. New York: Basic Books, 2012, p. 113.

[117] CHURCHLAND, Patricia S. *Braintrust*. Princeton: Princeton University Press, 2011, p. 191-192. Churchland assegura que a "moralidade é um fenômeno natural, contornado por forças de seleção natural, enraizado na neurobiologia, configurado pela ecologia local e modificado pelos desenvolvimentos culturais. Não repousa em ideias metafísicas".

[118] BOEHM, Christophe. *Moral origins*. New York: Basic Books, 2012, p. 32; RAWLS, John. *Uma Teoria da justiça*. São Paulo: Martins Fontes, 1997; RAWLS, John. "Retos actuales de la Neuroética: current challenges for neuroethics". *Recerca*, Madrid, n. 13, 2013, parágrafo 67. Para as bases neuronais que subsidiam a tomada de decisões baseada na reputação, ver, entre outros, IZUMA, Keise. "The social neuroscience of reputation". *Neuroscience Research*, Amsterdam, n. 72, 2012, pp. 283-288.

de impunidade, nenhum teria motivos para ser justo. O justo é aceito – continua Glaucón – não porque seja bom, mas porque não tem força suficiente para cometer a injustiça. Aceitamos a justiça porque somos fracos; se não o fôssemos, não teríamos motivos para sermos justos. A resposta de Sócrates, "quem age assim não é o homem justo", é, sem dúvida, comovente, mas o relato que viemos fazendo sobre como a consciência moral nasceu do ponto de vista biológico parece minar a sua legitimidade, porque, segundo essa história, *a razão que têm os homens para atender a sua consciência depende de que sua conduta seja visível*. É neste ponto que o peso da reputação ganha uma força enorme.

7. A força da reputação

Em seu artigo *Shrewd investments*, os matemáticos evolucionistas Nowak e Sigmund contam a história de um velho acadêmico que comparecia aos funerais de seus colegas porque "senão – pensava ele –, não irão ao meu".[119] De acordo com os autores, essa anedota revela um traço humano: o que quer que façamos, esperamos algum tipo de retorno. A reciprocidade é a base da cooperação. O velho professor tinha razões para esperar que, com o tempo, alguns de seus colegas comparecessem ao seu funeral, pois contava com a reciprocidade indireta, que consiste em esperar um retorno, não dos beneficiários do ato altruísta, mas de terceiros. É essa maneira de agir que Richard Alexander considera "a base de todos os sistemas de moralidade".[120]

Porém, para realizar esse ato de altruísmo, é necessário que a expectativa de receber lucros supere os custos,[121] algo que pode ser assegurado com certa probabilidade na relação direta entre altruísta e beneficiário, mas com a reciprocidade indireta este vínculo entre doador e donatário se rompe, e o caminho indireto para conseguir o retorno

---

[119] NOWAK, M; SIGMUND, K. "Shrewd investments". *Science*, Washington, vol. 288, n. 5.467, pp. 819-820, 2000; ver também 1998 e 2005.

[120] ALEXANDER, Richard D. *The Biology of moral systems*. New York: Aldine de Gruyter, 1987.

[121] AXELROD, Robert. *A Evolução da cooperação*. São Paulo: Leopardo, 2010.

CAPÍTULO V - CONSCIÊNCIA E REPUTAÇÃO

pode ser facilmente traído por aproveitadores e usurpadores, ou seja, por aqueles que viajam no trem de uma sociedade contratualista sem pagar passagem.

É a reputação de uma pessoa, de uma empresa, de uma organização, de um profissional ou de um grupo político o que constrói uma ponte entre o ato de dar e o do retorno esperado, o que infunde confiança em quem cumpre a sua parte no contrato implícito do qual se receberá o esperado, o que pode consistir, por sua vez, em um benefício pessoal, ou que o beneficiário dê algo a outras pessoas, mantendo viva a cadeia de trocas. Esse é o jogo da economia da dádiva de que falava Marcel Mauss, mas também o de qualquer economia contratual: se a reciprocidade indireta pode funcionar, é graças ao mecanismo de reputação e de *status* que existe nas sociedades.

Dessa perspectiva, Nowak e Sigmund entendem que o símbolo da pressão moral é o olho sempre vigilante no céu, que se costumou representar com um Deus onipresente, e que a consciência pode atuar internalizando nossa maneira de estar com os outros. Isso poderia se tornar o significado último da filantropia no caso de indivíduos e de empresas, porque as doações geralmente são conhecidas. Apesar do mandamento evangélico de mantê-las em segredo, de que a mão esquerda não saiba o que a direita está fazendo, a primeira acaba sabendo e o departamento de *marketing* se esforça para que saiba.

Nos últimos tempos se multiplicaram os estudos empíricos que tratam de demonstrar como o comportamento pró-social está ligado ao desejo de reputação.[122] Especialmente em experimentos econômicos,

---

[122] WEDEKIND, C.; MILINSKI, M. "Cooperation through image scoring in humans". *Science*, Washington, n. 288, 2000, pp. 850-852; SEINEN, I.; SCHRAM A. "Social status and group norms: indirect reciprocity in a repeated helping experiment". *European Economic Review*, n. 50, 2006, pp. 581-602; ENGELMANN, D.; FISCHBACHER, U. "Indirect reciprocity and strategic reputation building in an experimental helping game". *Games and Economic Behavior*, n. 67, 2009, pp. 399-407; ITO, A.; FUJII, T.; UENO, A.; KOSEKI, Y.; TASHIRO, M.; MORI, E. "Neural basis of pleasant and unpleasant emotions induced by social reputation". *CYRIC Annual Report*, 2010-2011, pp. 100-102, ; IZUMA, Keise. "The social neuroscience of reputation". *Neuroscience Research*, Amsterdam, n. 72, 2012, pp. 283-288.

fica claro que os indivíduos tendem a comportar-se de forma egoísta quando o anonimato é garantido, ao passo que exibem tendências pró-sociais em situações de menos anonimato, inclusive quando não há observadores reais, mas fotos ou desenhos.[123]

Assim, Nietzsche estava certo ao afirmar que, exceto em casos excepcionais, que sempre existem, as pessoas comuns, empresas, partidos políticos e seus dirigentes se preocupam muito mais com a reputação do que com o que possam pensar sobre si mesmos. Talvez porque, como Maquiavel lembrou ao príncipe, em sua opinião, ele deveria conquistar o poder e salvar a república: "Todos veem o que tu aparentas ser, poucos percebem aquilo que tu és". O mundo da aparência é aquele que atrai as vontades, aquele que persuade ou dissuade, enquanto aquilo que alguém realmente é permanece no mistério da consciência.

Ante todos esses dados, não há dúvida de que é inteligente tentar construir uma boa reputação. Os meios de comunicação trazem constantemente à luz as avaliações que os cidadãos fazem dos dirigentes dos partidos políticos, por entenderem que sua reputação influenciará os votos que seu partido receberá; as empresas redigem relatórios de responsabilidade social corporativa como uma carta de apresentação a clientes potenciais, a outras empresas e ao poder político, também por entenderem que um bom currículo ético é um excelente aval para se fazer negócios com organizações confiáveis.

Se isso sempre foi assim, parece ser ainda mais no nosso tempo, na Era das Redes, em que a visibilidade das atuações aumenta exponencialmente e a reputação é ganha em votações de "curtidas" ou "descurtidas", em relação a hotéis, artigos de jornal, livros ou agências de viagens. Daí decorre que criar uma boa reputação ou destruí-la não é difícil, desde que se tenha inteligência suficiente para mobilizar as emoções das pessoas em uma direção, o que pode ser feito com mensagens

---

[123] Entretanto, Ernst Fehr e Frédéric Schneider defendem uma posição diferente quanto ao poder dos sinais dos olhos para provocar condutas altruístas ou pró-sociais. Ver FEHR, Ernst; SCHNEIDER, Frédéric. "Eyes are on us, but nobody cares: are eye cues relevant for strong reciprocity?" *Proceedings of the Royal Society*, n. 277, 2010, pp. 1315-1323.

CAPÍTULO V - CONSCIÊNCIA E REPUTAÇÃO

simples e esquemáticas que atinjam o alvo dos sentimentos da maioria. Parece que nosso tempo, ainda mais do que no de Maquiavel, Nietzsche ou Mounier, é o tempo das reputações; saber mobilizar as emoções é a chave do sucesso.

8. Educar para a autonomia para a compaixão

Certamente esses estudos que sustentam a ideia de que a seleção social, na forma de pressão sobre a reputação, tem uma força inegável no comportamento individual e no processo evolutivo, trazem conclusões muito valiosas quando se trata de guiar a ação pessoal e compartilhada. Se é verdade que agimos de forma mais pró-social quando nos sentimos observados por outras pessoas, seria conveniente dar mensagens claras de que nossas sociedades rejeitam comportamentos aporófobos e apostam em ações que empoderem os pobres; seria conveniente divulgar que valorizamos as ações que tendem a incluir ao invés de excluir, ações que se preocupam em acolher e não em rejeitar aqueles que parecem não ter nada a retribuir; seria conveniente divulgar ainda que, em nossas sociedades, concordamos com Adam Smith sobre o desprezo que deve ser dirigido ao vício e à estupidez, mas não à pobreza. Esse é um conselho que, em minha opinião, não deve ser descartado no mundo educacional, empresarial ou político.

Mas, além disso, se essas são as normas de uma sociedade, ocorre que as crianças podem incorporá-las por osmose, pois são expostas desde muito cedo a um ambiente cultural e social, inclusive no período pré-natal. A criança está impregnada de regras éticas da comunidade vinculadas ao sistema simbólico de representação do caráter, de tal forma que não há uma evolução biológica pura, mas, sim, biocultural.

Entretanto, no ponto a que chegamos, parece não ter sobrado muito da consciência moral, entendida à maneira socrática como aquela voz interior que lembra internamente o que é o justo e incentiva a agir com justiça, quaisquer que sejam as consequências externas para o sujeito. As normas vigentes em uma sociedade nem sempre são racionalmente válidas, e quem escolhe as que considera justas, mesmo à custa de perder reputação e estima, quem aposta na violação do mandamento biológico e social do conformismo ante normas injustas, não deveria ser desclassificado moralmente. Não restaria um *ponto de obrigação incondicional* na consciência moral que não se submete ao jogo da reputação?

Como vimos, a consciência pode funcionar a partir do paradigma do egoísmo em estado puro e se limitar a calcular até onde pode buscar seu benefício individual sem se chocar com as normas sociais; também pode apostar na adaptação às normas de sua sociedade de uma forma conformista para viver comodamente, mas essas duas formas de interpretar a consciência são insuficientes, pois deixam sem explicar aspectos muito importantes da vida humana.

Em primeiro lugar, o fato de que às vezes há uma contradição entre os ditames da consciência e as regras da sociedade, uma contradição da qual Sócrates e Antígona são figuras emblemáticas, mas que se multiplica, ao longo da história, nos mártires, nos objetores de consciência, nos desobedientes civis e nos resistentes. Em certas ocasiões, estes ditames se opõem às leis de sua sociedade por obedecer à lei de Deus, em outras, por seguirem o que consideram a lei da humanidade e, em outras ainda, para atenderem a sua lei individual, partindo de uma ética da autenticidade. Pode-se dizer que quem se opõe às leis de sua sociedade o faz tendo em mente as de outra sociedade – real ou ideal –, a referência adequada para a pessoa que não se contenta em aceitar as leis que lhe conviria acatar para sobreviver em paz, mas, em vez disso, sacrifica sua comodidade por normas que considera mais humanas.

Porém, em segundo lugar, essa interpretação evolucionária da consciência moral tampouco pode ser explicar a emergência de criadores morais, de inovadores morais, que lançaram propostas superadoras, e inclusive contrárias, às leis sociais. Eles são capazes de romper com as normas da moralidade fechada e abrir criativamente propostas inovadoras com capacidade de mudança.[124] Buda ou Jesus de Nazaré, para citar dois exemplos, seriam inovadores nesse sentido,

---

[124] BERGSON, Henri. *As duas fontes da moral e da religião.* Coimbra: Almeida, 2005.

CAPÍTULO V - CONSCIÊNCIA E REPUTAÇÃO

como o próprio Darwin reconheceria de alguma forma, com as seguintes palavras:

> Fazer o bem pelo mal, amar o nosso inimigo, é um pico de moralidade em que é duvidoso que os instintos sociais tivessem nos conduzido por si próprios. É necessário que esses instintos, junto com a simpatia, tenham sido cultivados e estendidos amplamente por meio do uso da razão, instrução e amor ou temor a Deus, antes que essa regra de ouro fosse pensada e obedecida.[125]

Em terceiro lugar, a moralidade está frequentemente ligada ao tipo de costumes e normas que exigem a superação do egoísmo e levam à preocupação com os demais seres humanos ou pela coletividade, como dissemos anteriormente. No entanto, convém lembrar que existe um tipo de deveres, tradicionalmente chamados de "deveres para consigo mesmo", que obrigam o sujeito a respeitar também a si mesmo e não apenas a se preocupar com os outros. A consciência desses deveres, que aparecem nos tratados tradicionais sobre a moral, nasce, segundo Darwin, com a civilização. Enquanto nas sociedades bárbaras os indivíduos não se preocupam com a imagem que têm de si mesmos, nas sociedades civilizadas eles se preocupam.[126]

Nesse ponto, há uma coincidência interessante entre dois autores que parecem tão heterogêneos como são Darwin e Kant, pois Kant considerava que a consciência dos deveres para consigo mesmo é a chave do mundo moral. Na Doutrina da Virtude da *Metafísica dos costumes*, Kant distingue entre os deveres que o homem tem para consigo mesmo e os que tem para com os outros, e começa sua análise com os primeiros, porque entende que a chave de todo o edifício moral é a *auto-obrigação*, a capacidade de obrigar a si próprio. O dever moral não consiste apenas

---

[125] DARWIN, Charles. *A Origem do homem e a seleção sexual*. São Paulo: Hemus Livraria Editora, 1974, nota 27, pp. 145-146.

[126] "As outras virtudes denominadas como respeito por si próprio, que não afetam de maneira evidente (ainda que possam fazê-lo na realidade) ao bem-estar da tribo, nunca foram bem quistas pelos selvagens, embora agora sejam muito apreciadas pelas nações civilizadas". DARWIN, Charles. *A Origem do homem e a seleção sexual*. São Paulo: Hemus Livraria Editora, 1974, p. 153.

em cumprir obrigações para com os outros, mas, em primeiro lugar, cumpri-las consigo mesmo e se sabendo obrigado a cumpri-las com os outros por essa auto-obrigação.[127]

Poderíamos dizer que essa seria a característica da obrigação moral, que transcende as exigências de qualquer outra forma de coerção social: biologicamente, podemos estar predispostos a cumprir as normas do grupo para evitar a reprovação, a punição e a perda de reputação, e é isso o que a nossa razão prudencial nos aconselha, mas essa poderosa mola perde toda a sua força com aqueles que podem colocar o anel de Giges, ao passo que um ser dotado de racionalidade moral é capaz de se auto-obrigar. É por isso que existe um mundo moral específico que ordena incondicionalmente a se seguir regras, quando são consideradas justas, e a recusá-las, quando são consideradas injustas, sejam ou não as regras do grupo.

Essa capacidade humana é o que leva o nome de "autonomia" ou, em outras palavras, "liberdade moral". O motivo para cumprir as leis da liberdade não é empiricamente acessível, senão que o respeito pela dignidade de seres que são valiosos em si mesmos por serem livres.

Esse componente de *obrigação interna*, que não provém da pressão do grupo, foi explicado ao longo da história pela presença de uma lei da natureza na consciência, considerada metafisicamente, em algumas de suas versões, como a lei de Deus, a lei da própria humanidade, o imperativo "torne-se quem você é". Em todos os casos se trata de uma força interior que não está ligada à sobrevivência, mas, sim, ao desejo de viver *bem*, segundo a própria consciência. É o que os estoicos chamaram de "viver de acordo com a natureza", e filosofias de cunho religioso, "viver de acordo com a lei de Deus", as filosofias como a

---

[127] Embora possa parecer contraditório, dirá abertamente "eu não posso reconhecer que estou obrigado com os outros mais do que a medida em que me obrigo a mim mesmo: porque a lei da virtude à qual eu me considero obrigado procede em todos os casos de minha própria razão pratica, que me coage, sendo ao mesmo tempo que me coajo a mim mesmo". KANT, Immanuel. *A Metafísica dos costumes*. Bauru: Edipro, 2003, p. 259.

CAPÍTULO V - CONSCIÊNCIA E REPUTAÇÃO

kantiana, "viver de acordo com a lei da própria razão", e a éticas da autenticidade, viver de acordo com o fundo incorruptível da pessoa.

Sem essa obrigação interna, as pessoas ficam à mercê da pressão social, expostas ao jogo da reputação, nas mãos das normas do grupo, que nem sempre são aquelas que propõem a inclusão ante a exclusão, a acolhida ante a rejeição. Elas ficam à mercê do cálculo egoísta ou de comodidade, que certamente deve ser levado em conta para sobreviver e prosperar, mas que, para se viver uma vida plenamente humana, é insuficiente. Educar para a autonomia, educar para forjar uma consciência tecida através do diálogo e da argumentação e que, por isso mesmo, não se deixa enganar pela força da pressão social nos casos em que essa pressão é arbitrária, segue sendo indispensável para que a vida moral não seja extinta.[128]

É verdade que lidamos mal com a nossa má reputação, porque, entre outros motivos, ela tem consequências negativas para a nossa autoestima, que é um bem básico para se levar uma vida feliz, mas também porque tem consequências negativas para a realização dos nossos desejos e aspirações, enquanto a boa ou má consciência fica no foro interno. A consciência parece algo demasiadamente esquecida, como dizia o pequeno príncipe de Saint-Exupéry. Nosso tempo é o das reputações, não o das consciências.

Entretanto, a vida pública se baseia, em grande medida, na suposição de que também lidamos mal com nossa consciência. Para dar um exemplo muito claro, os funcionários políticos prometem ou juram cumprir as suas obrigações pela sua honra e consciência perante a Constituição; e é perfeitamente lógico que, em uma sociedade pluralista, quem não acredita em Deus não tenha que colocá-lo como testemunha ou jurar perante um livro sagrado. Porém, é igualmente lógico confiar que crê em sua consciência e que a valo-

---

[128] KANT, Immanuel. *Fundamentação da Metafísica dos Costumes*. Lisboa: Edições 70, 2007; CORTINA, Adela. *Ética de la razón cordial*. Oviedo: Nobel, 2007; CORTINA, Adela. *Neuroética y neuropolítica:* sugerencias para la educación moral. Madrid: Tecnos, 2011; e CORTINA, Adela. *Para qué sirve realmente la ética?* Barcelona: Paidós, 2013.

riza a tal ponto que não está disposto a atraiçoá-la por nenhum preço. Precisamente para evitar que os cidadãos mentissem no tribunal, Kant recomendava na *Metafísica dos costumes* manter a fé em um Deus disposto a punir os perjúrios, mas se em nossa época o fiador final é a consciência pessoal, pode-se presumir que, para nós, isso seja algo extremamente precioso.

É evidente que o apelo à consciência não exime uma sociedade de elaborar leis, que podem ser claras e precisas no que se refere à transparência, prestação de contas e responsabilidade. Prestar contas aos cidadãos é próprio de uma sociedade democrática, na qual se supõe que o povo deveria governar. Mas, sendo isso verdade, a questão sempre permanece: "quem controla o controlador?".

Naturalmente, os iluminados que não querem aceitar outro juiz para seus atos do que suas próprias consciências são um perigo autêntico e são ainda mais os grupos de fanáticos que matam sem compaixão por uma fé grupal, de qualquer tipo. Por isso, é fundamental formar a consciência pessoal através do diálogo, nunca através do monólogo, nem exclusivamente através do diálogo com o grupo próximo, seja ele familiar, étnico ou nacional. Somos humanos, e nada humano pode ser estranho para nós, o diálogo deve levar em conta os que são próximos e distantes no espaço e no tempo.

A capacidade de contratar não é a única forma que seres humanos têm de se vincular entre si, não vivemos apenas de trocas, de dar e receber. Na base das relações humanas, existe um vínculo não estabelecido voluntariamente, mas já existente anteriormente e que só é possível tentar romper ou reforçar. Afinal de contas, cada pessoa existe porque os outros a reconhecem como pessoa, o reconhecimento recíproco constitui um vínculo, uma *ligatio*, em que ela já se encontra. Não existe um indivíduo isolado, mas, sim, pessoas humanas em vínculo, em relação.

Portanto, o pior castigo que pode ser dado é a condenação à invisibilidade, ao desconhecimento da existência do outro, à rejeição e ao desprezo. É o reconhecimento mútuo o que basicamente nos constitui como seres humanos, o que faz com que possamos levar nossa vida

CAPÍTULO V - CONSCIÊNCIA E REPUTAÇÃO

adiante a partir do reconhecimento compassivo que assenta os cimentos de uma sociedade inclusiva.

Descobrir esse vínculo, essa *ligatio* de pertencimento mútuo, faz surgir obrigações como as que nascem do respeito à dignidade do outro, o amplo campo da justiça, mas que ainda vão mais longe, porque abrem o mundo caloroso da gratuidade.

Capítulo VI
BIOMELHORAMENTO MORAL

1. O problema da motivação moral

O recurso para orientar a consciência pessoal e social em um sentido ou outro tem sido tradicionalmente a educação, qualquer que seja a forma que tenha assumido em diferentes contextos e lugares. Este também é o caminho que sugerimos nos capítulos anteriores para tentar superar essas patologias sociais que geralmente são reconhecidas por meio de palavras que terminam com o sufixo *-fobia*. No nosso caso, especialmente a aporofobia. Tratava-se de situar nossas ações à altura das declarações, superando a fragilidade moral da consciência pessoal e social. Naturalmente, um fator crucial nesse processo de melhoria ou aprimoramento é a *motivação*.

Evidentemente, a motivação moral para atuar segundo normas universalistas que protegem todos e cada uma das pessoas, e não apenas aquelas que proporcionam vantagens, é tão fraca que resulta difícil na vida cotidiana erradicar a rejeição aos grupos relegados em uma sociedade porque eles não parecem ter muito a oferecer. A aporofobia vence no desprezo pelos piores situados e assume a forma de xenofobia, racismo, misoginia, homofobia ou aversão aos crentes de outras religiões ou ideologias.

Mas também é difícil evitar patologias morais como a corrupção, a opção pelo bem individual ou grupal frente ao comum, a prevaricação ou o suborno, não apenas na política ou na empresa, mas também em outras organizações e instituições. Um reitor de uma universidade espanhola comentava que para ser reitor é preciso atender à vaidade de quinhentos professores poderosos, dispostos a mudar seu apoio caso não recebam múltiplos privilégios e reconhecimentos por parte dos que governam a universidade. Se as coisas funcionam desse modo, a injustiça é, obviamente, inevitável.

A educação parece ser o instrumento que temos para nos motivar em um sentido diferente do esquecimento dos menos afortunados e saber como o cérebro funciona pode ajudar nessa tarefa. Livros como o de Maria José Codina, *Neuroeducación en virtudes cordiales*, caminham nessa direção. Porém, ao que parece, a educação tem sido insuficiente até o momento, como comprovamos diariamente. E não só porque as leis são melhores ou piores e os planos de estudo mais ou menos acertados, mas porque a sociedade, na vida cotidiana, não educa no respeito à dignidade e tampouco na compaixão.

Raramente, para não dizer nunca, os pais de uma criança agressora reconhecerão que ela está machucando um companheiro mais fraco. Raramente, para não dizer nunca, os pais admitirão que seus filhos são reprovados simplesmente porque não estão estudam. Se tiverem poder, eles se levantarão em pé de guerra contra o professor responsável e estarão dispostos a lhe destruir a vida, se necessário, desde que seu filho esteja limpo de poeira e palha. Eles recorrerão aos outros professores, à mídia, ao conselheiro local, farão seus celulares ferver com *Whatsapps* conspiratórios e tentarão através de todos os meios macular a reputação do professor ou professora que ousou reprovar seus filhos por não estudarem. E conseguirão muitas coisas, porque eles têm votos, relações e amizades, e isso é um incentivo mais poderoso para o poder político do que a justiça e a honra. Diante de costumes desse tipo, qualquer lei é impotente, as leis são manipuladas ao gosto de consumidores poderosos. Os *áporoi* não têm nenhuma carta para jogar nesse jogo de poder. Por isso, nos últimos anos, alguns autores têm entendido que, se a educação não teve até agora o êxito desejado para melhorar a moralidade da população, seria necessário recorrer a métodos mais expressos que o progresso tecnológico põe em nossas mãos. Seria necessário recorrer ao biomelhoramento moral.

2. O novo Frankenstein

Nos últimos tempos, os avanços das ciências biomédicas tornaram possível melhorar a biologia humana com novos métodos.[129] Normalmente descobertas como resultado de estudos de casos patológicos, as tecnologias biomédicas são usadas rotineiramente para manter ou restaurar a saúde, mas também podem ser usadas para alterar as características das pessoas consideradas saudáveis ou para melhorar os indivíduos considerados normais.

Evidentemente, assim que tais possibilidades surgem, um bom número de problemas éticos vem à tona, sobretudo dois: as intervenções de melhoramento são eticamente aceitáveis ou apenas se terapêuticas? E se a resposta for afirmativa, é moralmente obrigatório melhorar as capacidades "normais", sejam elas cognitivas, físicas ou referentes à memória ou à atenção, se houver tal possibilidade?[130] Afinal, se aceitássemos a abordagem de Amartya Sen, melhorar as capacidades dos seres humanos seria uma forma de empoderá-los. E se levamos à sério a afirmação kantiana de que o ser humano é tanto o fim limitador quanto o fim positivo de nossas ações, aprimorar suas capacidades seria uma forma de considerar o homem o fim positivo das ações científicas.

É preciso reconhecer que a questão do melhoramento se tornou um tema central no campo da bioética e especialmente da neuroética, porque se trata de averiguar se determinadas intervenções são

---

[129] Este capítulo tem sua origem nos artigos: "¿Es la biomejora moral un imperativo ético?", *Sistema*, n. 23, 2013, pp. 3-14; "Neuromejora moral: ¿un camino prometedor ante el fracaso de la educación?". *Anales de la Real Academia de Ciencias Morales y Políticas*, Madrid, n. 90, 2013, pp. 313-331.

[130] HARRIS, John. "Enhancements are a moral obligation". *In:* SAVULESCU, Julian; BOSTROM, Nick (eds.). *Human Enhancement*. Oxford: Oxford University Press, 2009, pp. 131-154.

aceitáveis ou mesmo obrigatórias; se é uma obrigação moral usar todos os meios ao nosso alcance, incluindo as tecnologias biomédicas, para melhorar as capacidades humanas. Essa seria a aspiração do Frankenstein contemporâneo.

É assim que William Safire, um dos fundadores da neuroética como um novo saber, pareceu entender quando, no congresso de fundação realizado em 2002, assegurava que, na verdade, ela havia nascido há dois séculos, em 1816, em um vilarejo nos arredores de Genebra, chamado Villa Diodati.[131] Lá se reuniu um grupo de escritores que contava com Lord Byron, Percy Shelley, John Polidori e a aquela que mais tarde seria Mary Shelley. Como o tempo estava ruim, eles decidiram se divertir: cada um começou a escrever um relato de terror que de alguma forma devia estar relacionado com a perfectibilidade do homem. Dessa curiosa aposta surgiria o *Vampiro*, de Polidori, mas a história que logo se tornou famosa foi o *Frankenstein*, de Mary Shelley. A neuroética, pois, viria a entender Safire, havia nascido de um similar afã prometeico, o de melhorar as capacidades físicas e mentais dos seres humanos para que pudéssemos alcançar homens mais perfeitos.

Porém, isso é verdade? Pretendem as ciências biomédicas se converter de algum modo no Frankenstein contemporâneo?

3. Transhumanistas e bioconservadores

O primeiro problema enfrentado pelo novo projeto de melhoramento é determinar o que significa "melhora". Embora o número de caracterizações seja grande, podemos admitir duas delas a princípio. De acordo com Allen Buchanan, "um melhoramento biomédico é uma intervenção deliberada, aplicando a ciência biomédica, que

---

[131] SAFIRE, William. "Visions for a new field of 'neuroethics'". *In:* MARCUS, S. J. *Neuroethics:* mapping the field. New York: The Dana Press, 2002, pp. 3-9; CORTINA, Adela. *Neuroética y neuropolítica:* sugerencias para la educación moral. Madrid: Tecnos, 2011, pp. 36-39.

CAPÍTULO VI - BIOMELHORAMENTO MORAL

pretende melhorar uma capacidade existente que a maioria ou todos os seres humanos normais têm, ou criar uma nova capacidade pela ação direta no corpo ou no cérebro".[132] Por sua vez, Julian Savulescu caracteriza o melhoramento no seguinte sentido: "X é um melhoramento para A se X torna mais provável que A leve uma vida melhor nas circunstâncias C, que são um conjunto de circunstâncias naturais e sociais".[133]

Como é fácil observar, no primeiro caso nos deparamos com a dificuldade de decidir qual é a forma típica pela qual o ser humano desfruta de uma capacidade, enquanto no segundo caso adotamos uma postura utilitarista: não importa se a capacidade do indivíduo pode ser considerada normal ou não, o que importa é que viverá melhor se a potencializarmos.

Um segundo problema consiste em decidir que postura ética adotar a esse respeito, se estamos ou não dispostos a aceitar melhoramentos por meios biomédicos, ou se são admissíveis apenas intervenções terapêuticas, ou seja, tratamentos. Nesse ponto é possível detectar pelo menos *duas posições*, que recebem nomes diferentes. É curioso que estes nomes resultem expressivos não apenas das posições que se pretende descrever com eles, mas também das posições daqueles a quem são atribuídos.

Na introdução ao livro *Human Enhancement*, os organizadores Savulescu e Bostrom distinguem duas posturas opostas nesse debate: os *transhumanistas* e os *bioconservadores*.[134] Eles mesmos se reconhecem como transhumanistas, a tal ponto que Nick Bostrom fundou em 1998, juntamente com David Pearce, a *World Transhumanist Association*, com o propósito de fornecer uma base organizacional para todos os grupos transhumanistas. Eles também são responsáveis pela Declaração Transhumanista e pelo

---

[132] BUCHANAN, Allen. *Beyond humanity?* Oxford: Oxford University Press, 2011, p. 23.
[133] SAVULESCU, Julian. *¿Decisiones peligrosas?* Una bioética desafiante. Madrid: Tecnos, 2012, pp. 313 e 314.
[134] SAVULESCU, Julian; BOSTROM, Nick (eds.). *Human enhancement*. Oxford: Oxford University Press, 2009.

nascimento do *Journal of Transhumanism*, que mais tarde mudou seu nome para *Journal of Evolution and Technology*.[135]

Para definir o transhumanismo é muito útil recorrer à caracterização do criador do termo, o biólogo Julian Huxley, irmão de Aldous Huxley, que foi o primeiro diretor-geral da UNESCO. Com efeito, em *Religion without revelation*, escreve:

> A espécie humana pode, se assim desejar, transcender a si mesma – não apenas esporadicamente, um indivíduo de uma forma aqui, outro de outra ali –, mas em sua totalidade, como humanidade. Precisamos de um nome para essa nova crença. Talvez *transhumanismo* possa servir: o homem permanecendo homem, mas transcendendo a si mesmo, ao atualizar novas possibilidades de e para sua natureza humana.[136]

O transhumanismo se distanciaria de uma posição como a de Nietzsche, que busca a autotranscendência de alguns indivíduos com capacidade e vontade de fazê-lo, pois os transhumanistas propõem como objetivo a autotranscedência de toda a humanidade. Além disso, não se trata apenas de encarnar a fórmula "torne-se quem você é", de Píndaro e Nietzsche, mas, sim, "torne-se mais do que o que você é".

Em todo caso, os transhumanistas tiveram e estão tendo bastante cuidado de se distanciar de projetos anteriores de modificação da espécie humana de cunho totalitário, levantando a bandeira progressista e vinculando cada vez mais suas propostas ao liberalismo cultural, à democracia política e ao igualitarismo. É o caso, entre outros, de James Hughes, quem considera que a biopolítica está emergindo como uma nova dimensão da opinião política. Em *Citizen Cyborg*,[137] ele propõe um "transhumanismo democrático" que articula a biopolítica transhumanista com a política

---

[135] BOSTROM, Nick. "A History of transhumanist thought". *Journal of Evolution and Technology*, Hartford, vol. 14, n. 1, 2005, pp. 1-30.

[136] HUXLEY, Julian. *Religion without revelation*. London, 1927, *apud* HUGHES, J. *Citizen Cyborg:* why democratic societies must respond to the redesigned human of the future. Cambridge: Westview Press, 2004.

[137] HUGHES, J. *Citizen Cyborg:* why democratic societies must respond to the redesigned human of the future. Cambridge: Westview Press, 2004.

CAPÍTULO VI - BIOMELHORAMENTO MORAL

social democrática e econômica e com a política liberal cultural. Ele entende que conseguiremos alcançar o melhor futuro pós-humano quando garantirmos que as tecnologias sejam seguras, acessíveis a todos e que os direitos individuais de controlar seus próprios corpos sejam respeitados. Os benefícios devem chegar a todos, não apenas a uma elite, e nisso o Estado deve intervir.

No *polo oposto* se situariam os *bioconservadores*, que se opõem a qualquer uso da tecnologia para expandir as capacidades humanas ou para modificar aspectos de nossa natureza biológica. Aparentemente, a tese dos bioconservadores seria a seguinte: "ainda que fosse tecnicamente possível e legalmente permitido engajar-se no melhoramento biomédico, não seria moralmente permitido fazê-lo."[138] Não é fácil determinar quais nomes compõem a lista dos bioconservadores, mas é bastante plausível nela introduzir Leon Kass, presidente do Conselho de Bioética de Bush; Francis Fukuyama, que também fez parte desse conselho e publicou seu famoso livro *Our posthuman future*; e Michael Sandel, outro dos clássicos dessa posição, especialmente com seu livro *Contra a perfeição*.[139] De sua parte, bioeticistas como George Annas, Lori Andrews e Rosario Isasi propuseram uma legislação para que a modificação genética hereditária em seres humanos seja um "crime contra a humanidade".

Entretanto, essas denominações (transhumanistas/bioconservadores) se transformam nas mãos de Allen Buchanan em outras menos significativas do ponto de vista político. Segundo Buchanan, não existem grupos de autores "pró-melhoramento", porque de fato ninguém pode ser a favor de qualquer melhoramento sem levar em conta o que é, em que contextos e com quais consequências. Sim, existem os "antimelhoramentos", e esta é uma das críticas que lhes são feitas: como é possível ser contra qualquer tipo de melhoramento. E o restante do grupo não

---

[138] DOUGLAS, Thomas. "Moral Enhancement". *Journal of Applied Philosophy*, Reino Unido, vol. 25, n. 3, 2008, pp. 228 e 243. Douglas reconhece, entretanto, que alguns autores não se opõem a todo tipo de melhoramento, mas são seletivos.

[139] SANDEL, Michael. *Contra la perfección*. Barcelona: Marbot, 2007; Fukuyama, 2002.

seria algo tão espetacular quanto os transhumanistas, mas algo simples como os "anti-antimelhoramento", pois acreditam que é necessário estudar caso a caso em determinadas situações.[140] Esse grupo incluiria Jonathan Glover, Savulescu, Agar, Brock, Bostrom, DeGrazia, Sanberg e Buchanan,[141] entre outros. Eles consideram que não há uma separação nítida entre os métodos de melhoramento tradicional e os biomédicos, não há diferença moralmente relevante entre a aprendizagem, que é, em última análise, um melhoramento fisiológico, e a intervenção.

Muito sucintamente, os argumentos desse debate seriam os seguintes.

Os que estão contra o melhoramento se oporiam por considerar, a princípio, que a busca pelo melhoramento mina a virtude da gratidão pelo que é dado. No entanto, seus oponentes replicam acertadamente que não há razão para privilegiar o que é considerado o funcionamento normal como algo sagrado, não há razão para dotá-lo de uma normatividade moral. Afinal, é difícil distinguir o antinatural do natural, a função normal nada mais é do que uma generalização estatística que não precisa pretender ser normativa.

Em segundo lugar, diz o grupo antimelhoramento, parece que o afã de melhoramento envolve o interesse de alcançar o domínio total das condições da existência humana, de atingir a perfeição. Seus rivais respondem que tentar melhorar não é buscar a perfeição.

Os pró-melhoramento – dizem seus oponentes – parecem pretender a imortalidade com as intervenções. Mas a resposta é simples: não se busca a imortalidade, mas uma melhor qualidade de vida.

---

[140] BUCHANAN, Allen. *Beyond humanity?* Oxford: Oxford University Press, 2011, p. 13.

[141] Allen Buchanan, de seu lado, propõe embarcar em uma "empresa de melhoramento" (*enhancement enterprise*) que continue a linha da humanidade, que sempre tratou de melhorar. Trata-se de construir uma sociedade que dê liberdade aos indivíduos e organizações para que desenvolvam as técnicas de melhoramento, direcionem recursos públicos para a investigação, criem um debate público informando sobre o tema e desenvolvam políticas moralmente possíveis sobre o tema.

CAPÍTULO VI - BIOMELHORAMENTO MORAL

E a última acusação dos que são antimelhoramento seria afirmar que esse melhorismo levaria a uma sociedade estratificada e sem solidariedade, que desprezaria as pessoas com deficiência e minaria o compromisso com a justiça distributiva.[142]

Entre os dois grupos estariam aqueles que consideram que as intervenções não podem ser praticadas na linha germinal, como Habermas ou Annas, porque podem ser transmitidas às gerações futuras. Enquanto que os antimelhoramento as aceitam, mas estão conscientes dos perigos envolvidos e não acreditam que isso seja permissível no presente.

A reflexão sobre o assunto hoje se estende a um grande número de áreas, como é o caso do rendimento desportivo, tão relacionado a questões de *doping*, relacionamentos amorosos, o melhoramento cognitivo, o melhoramento genético ou a questão de organismos geneticamente modificados, incluindo animais e plantas. Alguns músicos tomam *beta-blockers* para acalmar os nervos, muitos estudantes ingerem metilfenidato para melhor desempenho nos exames (a Ritalina pode aliviar disfunções neurobiológicas), Modavigil e cafeína também são estimulantes cognitivos. As tecnologias que já estão ao alcance ou estarão em breve e que podem transformar radicalmente o ser humano são a realidade virtual, o diagnóstico genético pré-implante, a engenharia genética, os fármacos para melhorar a memória, a concentração, a insônia e o humor (*mood*), os medicamentos para melhorar a *performance*, a cirurgia estética, as operações de mudança de sexo, as próteses, os medicamentos antienvelhecimento. Todas essas possibilidades abrem questões éticas, porém não é delas que vamos tratar aqui, mas, sim, de um tipo específico de melhoramento: o melhoramento moral.

4. Biomelhoramento moral sem dano a terceiros

Alguns autores como Thomas Douglas questionam se o melhoramento moral é permitido como instrumento para desmontar a

---

[142] SANDEL, Michael. *Contra la perfección*. Barcelona: Marbot, 2007, pp. 89-92.

posição dos bioconservadores. Alegam que algumas formas de melhoramento poderiam beneficiar os sujeitos em se pratica, mas poderiam prejudicar terceiros e, portanto, não poderiam ser permitidas. Referem-se, sobretudo, ao que poderíamos chamar de "bens posicionais": se uma pessoa ganha inteligência, deixará em desvantagem quem não teve melhoramentos e terá mais oportunidades na hora de disputar um emprego; se a estatura de um indivíduo normal for aumentada, este terá mais possibilidades que os demais, que acabaram ficando abaixo da linha normal. Porém – assegura Douglas –, há um tipo de melhoramento que beneficia o sujeito e também terceiros, que é o melhoramento das motivações para agir. Não se trata de conseguir pessoas melhores, mas, sim, de que "uma pessoa melhora a si própria, se altera de tal maneira que se pode esperar razoavelmente que tenha motivos melhores moralmente que os teria tido de outro modo."[143] Um melhoramento desse tipo – pensa Douglas – não pode prejudicar ninguém.

A título de exemplo, ele aponta duas emoções que todas as teorias morais concordariam em atenuar, considerando esse enfraquecimento como um melhoramento moral: a aversão a determinados grupos raciais e o impulso à agressão violenta. Produzem-se melhoramentos morais quando enfraquecemos emoções desse tipo.

A base biomédica desta possibilidade reside no trabalho em genética comportamental e neurociência que tem levado a uma compreensão crescente das bases da agressão. Modificar essas bases suporia um melhoramento permitido. De fato, há provas da implicação de um polimorfismo no gene A da monoamina oxidase (MAO) e, em nível neurofisiológico, de distúrbios no sistema neurotransmissor de serotonina. O racismo tem sido menos estudado, mas um conjunto de estudos de imagens de ressonância magnética funcional sugere que a amígdala desempenha um papel importante. Dado o progresso das neurociências, parece possível fazer modificações. É

---

[143] DOUGLAS, Thomas. "Moral Enhancement". *Journal of Applied Philosophy*, Reino Unido, vol. 25, n. 3, 2008, p. 229.

CAPÍTULO VI - BIOMELHORAMENTO MORAL

permitido, portanto, que as pessoas tentem melhorar moralmente a si mesmas.[144]

Evidentemente, uma posição como a de Douglas é impecável no que se propõe: desmontar o argumento dos autores antimelhoramento, segundo o qual nenhum melhoramento que favoreça o sujeito poderia ser permitido, porque poderia prejudicar os outros. Os melhoramentos morais beneficiam o sujeito e também os demais.

Pois bem, para falar positivamente da permissibilidade moral do melhoramento seria necessário também levar em conta até que ponto é realmente possível realizá-lo, do ponto de vista científico, com quais procedimentos e com quais consequências previsíveis.

5. Um imperativo ético

Mais interessante é a proposta de Savulescu e Persson, segundo a qual tentar um melhoramento moral da humanidade por meios biomédicos não é apenas moralmente lícito, mas também *um imperativo moral*. O fio da argumentação para chegar a essa conclusão seria o seguinte.

Em algum momento, Savulescu afirma que pesquisar as possibilidades de melhoramento moral é necessário porque o melhoramento cognitivo mediante fármacos, implantes e intervenções biológicas, inclusive genéticas, acelera o avanço da ciência e, nesse caso, alguns indivíduos, dotados de capacidade cognitiva superior aos demais, podem prejudicar todos os outros, ao terem mais conhecimento do que temos agora.[145] O melhoramento cognitivo requer melhoramento moral para evitar um dano semelhante.

Entretanto, esse argumento é muito frágil. Há décadas que a possibilidade de que um grupo de pessoas possa destruir a Terra fazendo

---

[144] DOUGLAS, Thomas. "Moral Enhancement". *Journal of Applied Philosophy*, Reino Unido, vol. 25, n. 3, 2008, p. 233.
[145] SAVULESCU, Julian. *¿Decisiones peligrosas?* Una bioética desafiante. Madrid: Tecnos, 2012, p. 216.

uso o poder técnico-científico é uma realidade. Porém, o risco não viria tanto dos cientistas, mas de pessoas com poder político ou econômico suficiente para ter em suas mãos esse tipo de instrumento, como a energia atômica ou as armas de destruição em massa. Esse perigo é uma realidade. O possível melhoramento cognitivo pode aumentar um poder que já existe, mas não representaria um novo risco.

Talvez por esta razão Savulescu e Persson recorrem ao fato de que o poder científico e tecnológico da humanidade cresceu exponencialmente e tem o potencial de destruir a Terra.[146] Esta é uma advertência que Karl-Otto Apel e Hans Jonas já haviam formulado claramente nos anos sessenta e setenta do século passado. Qual é a especificidade da nova leitura?

Segundo Apel, o problema era que as consequências da ciência e da técnica eram universais, enquanto a ética se reduzia à microesfera e à mesosfera, quando, na verdade, precisávamos de uma ética universal de responsabilidade pelas consequências da ciência e da técnica. Mas justamente a ideia que o cientificismo tem da ciência como uma atividade axiologicamente neutra torna impossível o estabelecimento de uma ética universal.[147] De sua parte, Hans Jonas compartilhava essa preocupação ante o poder destrutivo alcançado pela ciência e pela técnica e se propunha a confrontá-lo com sua ética da responsabilidade.[148]

Entretanto, os autores que poderíamos chamar de "melhoristas morais" não reivindicam uma ética universal, senão reconhecem que as pressões da evolução não desenvolveram uma psicologia moral que nos permita abordar os problemas morais que nosso novo poder cria. Existem problemas como as mudanças climáticas ou a guerra que precisam de uma moral diferente, de uma preocupação pelos distantes, pelas gerações futuras e inclusive por todos os seres vivos. E, no entanto, nossa *motivação*

---

[146] SAVULESCU, Julian; PERSSON, Ingmar. "Moral Enhancement". *Philosophy Now*, 2012, pp. 24-26, jul./ago.

[147] APEL, Karl-Otto. *Transformação da Filosofia*. São Paulo: Edições Loyola, 2000, p. 342.

[148] JONAS, Hans. *O Princípio da responsabilidade:* ensaio de uma ética para a civilização tecnológica. Rio de Janeiro: Editora PUC Rio, 2006.

CAPÍTULO VI - BIOMELHORAMENTO MORAL

e não permitirá humilhações.[154] Curiosamente, os que parecem ter uma racionalidade maximizadora são os chimpanzés, como mostraram experimentos em que jogam o ultimato, adaptado para eles, e acontece que os "proponentes" quase sempre fazem propostas egoístas e os "respondentes" quase sempre aceitam qualquer oferta que não seja nula, o que indica que não agem de forma indiscriminada.[155] São, portanto, os chimpanzés que maximizam o benefício sem dar atenção a outras considerações, enquanto as pessoas se precatam de que é mais razoável apresentar propostas que possam ser aceitas por todos. Buscar o benefício mútuo é mais razoável do que buscar o máximo a qualquer preço.

Essas formas de altruísmo exigem que aqueles que as praticam já estejam equipados com as seguintes habilidades: quantificar os custos do que é dado e os benefícios que podem ser esperados, recordar as interações anteriores e avaliar se cabe confiar na obtenção de benefícios, reconhecer a dependência entre dar e receber, calcular quanto tempo os benefícios demoram para chegar, estar disposto a aceitar a defasagem entre o ato inicial de dar e o de receber, identificar os que violam as normas da reciprocidade, descobrir a intenção dos que atuam e a capacidade de punir aqueles que fraudam, de modo a impedir futuras infrações.

Ao comprovar que o jogo de dar e receber é benéfico para o grupo e para os indivíduos que o compõem, esse jogo foi se cristalizando em normas de reciprocidade que formam o esqueleto no qual se baseia a sociedade.

---

[154] Nesse jogo, se fosse verdade que a racionalidade humana é a que trata de maximizar o benefício, os respondentes racionais deveriam aceitar qualquer oferta superior a zero e o proponente racional deveria oferecer a quantidade mais próxima de zero para ganhar mais. Mas ocorre que os respondentes tendem a rejeitar ofertas inferiores a 30% do total, porque preferem não receber nada do que receber uma quantidade humilhante, e por isso os proponentes tendem a oferecer 40%, 50% do total para poder ganhar uma parte. NOWAK, M; SIGMUND, K. "Shrewd investments". *Science*, Washington, v. 288, n. 5.467, 2000, pp. 819-820. Muito parecido ao jogo do ultimato é o jogo do ditador.

[155] JENSEN, K.; CALL, J.; TOMASELLO, M. "Chimpanzees are rational maximizers in an ultimate game". *Science*, n. 318 (5847), 2007, pp. 107-109; TOMASELLO, Michael. *¿Por qué cooperamos?* Buenos Aires: Katz, 2010, pp. 56 e 57.

Porém, o problema no momento é que, ao que parece, a espécie humana permaneceu essencialmente igual em termos biológicos e genéticos durante os últimos quarenta mil anos. Enquanto isso, ocorria a maior parte de um desenvolvimento cultural sem precedentes, graças ao desenvolvimento da linguagem oral e escrita. Porém, continuamos com a moral dos pequenos grupos, em que cooperamos internamente, mas não com os de fora.

Entretanto, já faz tempo que o ambiente social e físico mudou. Vivemos em sociedades de milhões de seres humanos e os limites da humanidade alcançam já um mundo global, que de alguma forma inclui as gerações futuras e os seres vivos não humanos. Mas a motivação moral dos indivíduos não mudou. Não é possível que exista um desequilíbrio entre as exigências morais apresentadas pelas instituições democráticas, situadas no nível pós-convencional do desenvolvimento da consciência moral, e as motivações morais dos indivíduos, que continuam a se apegar aos mais primitivos códigos de sobrevivência?

Nesse sentido, Hume dirá expressamente que "em geral, pode-se afirmar que na mente dos homens não existe uma paixão como o amor à humanidade, considerada simplesmente como tal e independentemente das qualidades das pessoas, dos favores que nos fazem ou da relação que têm conosco".[156] Kant, por sua vez, compreenderá que

> a benevolência, no caso do amor universal pela humanidade, é certamente maior em termos de *extensão*, mas menor em termos de *grau*, e quando digo isso: interesso-me pelo bem deste homem, unicamente em virtude do amor universal pelos homens, o interesse que tenho neste caso é o menor possível. Simplesmente, não sou indiferente a esse homem.[157]

Hoje em dia, uma série de autores está tentando organizar o sistema emocional dos cidadãos para que possam responder às exigências de uma sociedade democrática, como foi o caso pioneiro de George E. Marcus, em *The sentimental citizen: emotion in democratic politics*, e

---

[156] HUME, David. *Tratado da natureza humana*. São Paulo: Ed. UNESP, 2009, p. 704.
[157] KANT, Immanuel. *A Metafísica dos costumes*. Bauru: Edipro, 2003, p. 321.

CAPÍTULO VI - BIOMELHORAMENTO MORAL

mais tarde o de Sharon R. Krause, em *Civil passions: moral sentiment and democratic deliberation*, em que tenta mostrar que a imparcialidade pode ser uma emoção.[158]

Assim, é preciso legislar para conseguir mudanças efetivas, mas isso tem que ser feito pelos políticos, e acontece que o eleitor não se interessa pelos problemas dos que estão distantes no espaço e no tempo. O que fazer para mudar a *motivação moral* dos cidadãos, de forma que se preocupem também com os que estão distantes no espaço e no tempo?

Em relação a essa questão, é fundamental esclarecer o que se entende por "moral" e a resposta de Savulescu é a seguinte: a moral abre a possibilidade de ir construindo uma sociedade em que os fins que são bons para si próprio (bens prudenciais) possam ser articulados com os bens para todo o conjunto (bens morais). "É uma ideia familiar que o que define a moralidade é harmonizar os fins prudenciais das pessoas, de modo que possam encontrar uma satisfação não excludente."[159]

Em todo caso, melhorar essa motivação requer educação moral, mas a biomedicina nos forneceu novos meios, porque sabemos que nossas *disposições morais* têm uma base biológica, que são as emoções, intimamente ligadas à motivação. As emoções pertencem ao equipamento mais antigo de nossos cérebros e muitas delas estão ligadas a ações instintivas de sobrevivência, embora outras sejam derivadas.[160] A verdade é que elas afetam a motivação.

O método tradicional foi a educação, mas apesar de tantos séculos de educação, sobretudo nos últimos dois milênios, não parece que houve muito sucesso. Entretanto, há outra possibilidade complementar: nosso

---

[158] MARCUS, George E. *The sentimental citizen:* emotion in democratic politics. University Park: The Pennsylvania State University, 2002; KRAUSE, Sharon R. *Civil Passions:* moral sentiment and democratic deliberation. Princeton: Princeton University Press, 2008.

[159] SAVULESCU, Julian. *¿Decisiones peligrosas?* Una bioética desafiante. Madrid: Tecnos, 2012, p. 216.

[160] MORGADO, Ignacio. *Emociones e inteligencia social.* Barcelona: Ariel, 2010.

conhecimento sobre a genética e a neurobiologia está começando a nos permitir atingir diretamente as bases biológicas da motivação moral, seja por meio de medicamentos, implantes, seleção genética, engenharia genética, ou utilizando instrumentos externos que afetam o cérebro ou os processos de aprendizagem. Por terem base biológica, essas bases podem ser afetadas por tratamento biomédico ou genético.

E ocorre que, para que o jogo de dar e receber funcione bem, é necessário que nele se mobilize adequadamente um conjunto de emoções, como a gratidão ante o favor recebido por altruísmo e o desejo de devolver o favor, o que anima a realização de novos favores; a irritação quando alguém causa dano a outra pessoa; o desejo de represália que dissuade futuras agressões; o remorso e sentimento de culpa; a vergonha, o orgulho, a admiração, o desprezo ou capacidade de perdoar. Segundo Savulescu e Persson, essas emoções são úteis quando se estendem à maioria da população. Se conseguirmos fortalecê-las de forma adequada para que sejam úteis, conseguiríamos *melhorar a motivação moral*.

Diante de semelhante constatação, diversos autores apresentam propostas diferentes, cada uma delas expressando sua forma de compreender a moralidade. A proposta de Savulescu se concentra na *motivação moral e na necessidade de melhorá-la para agir moralmente*. A educação, a argumentação e o raciocínio são muito importantes, mas é imprescindível modificar também as emoções, ligadas à motivação. Nossas *disposições morais* são baseadas em nossa biologia e, portanto, não são um produto cultural, como é a compreensão de uma língua ou das leis.

Segundo os autores com quem viemos dialogando, é um imperativo moral, então, continuar as pesquisas e tentar melhorar a motivação moral com meios biomédicos, complementando, dessa forma, a educação.

Pode-se objetar que, se pouco foi alcançado em milhares de anos de educação, o biomelhoramento moral está em seu começo e que já chega tarde demais. Mas esses autores consideram que é preciso experimentá-lo igualmente, pois a ciência e a tecnologia oferecem instrumentos que podem ajudar nesse sentido. Talvez o

CAPÍTULO VI - BIOMELHORAMENTO MORAL

biomelhoramento moral também fracasse, mas parece que colocá-lo na mesa é importante.

6. É realmente um caminho promissor?

Certamente, as propostas de melhoramento moral com meios biomédicos apresentam virtualidades e limites que convém considerar. Começaremos pelas *virtualidades*, que, a meu ver, se situam, sobretudo, no nível do *diagnóstico*.

1) É importante descobrir que nossas disposições morais também têm bases biológicas, cujo sentido é alcançar a eficácia adaptativa dos indivíduos. Por um lado, porque é possível influenciá-las, mas, sobretudo, porque se as pessoas reagem instintivamente desinteressando-se das pessoas distantes e até rejeitando-as, pois é assim que os códigos inscritos no cérebro "ordenam", o que importa é perguntar se esses são os códigos que queremos reforçar ou, ao contrário, queremos orientar nossas ações em outra direção.[161]

2) Essas bases biológicas estão preparadas para responder a um ambiente social e físico difícil, a situação atual é muito diferente. Essa constatação já é um *tópos* da neuroética.

3) A *evolução de nossas disposições biológicas*, que nos prepara para sobreviver em determinadas situações, não coincide com o *progresso moral no nível cultural*. Como já mencionamos, parece que a espécie humana permaneceu essencialmente igual no plano biológico e genético nos últimos quarenta mil anos, enquanto o desenvolvimento cultural ocorria, graças principalmente ao desenvolvimento da linguagem oral e escrita.

Ainda que Habermas fale de uma "teoria da evolução social", adaptando o processo ontogenético de que trata Kohlberg como processo filogenético, é na realidade uma teoria do progresso na consciência moral

---

[161] CORTINA, Adela. *Neuroética y neuropolítica:* sugerencias para la educación moral. Madrid: Tecnos, 2011.

social, entendida em relação à formação de juízos sobre a justiça. *Uma coisa é a evolução biológica, outra é o progresso na cultura e no juízo moral.* Por isso, o progresso permanece no campo do raciocínio e não se cala diante das motivações.

Talvez esse desajuste entre a convicção racional argumentada e a motivação enraizada em emoções cunhadas no cérebro por milênios esteja na base do "desconcerto moral" (*moral dumb-founding*) de que fala Jonathan Haidt quando assegura que as pessoas formulam seus juízos morais de forma intuitiva, automática e emocional. É por isso que, quando questionados sobre as razões de seu juízo, muitas vezes são incapazes de encontrá-las.[162] E talvez estivesse na base do *dictum* latino de que já falamos, *video meliora proboque, deteriora sequor*, que capta a perplexidade de Medéia – "mas uma nova força me arrasta involuntariamente e desejo uma coisa, mas a mente me persuade de outra. Eu vejo o melhor e o aprovo, mas sigo o pior" – e o de São Paulo – "Não faço o bem que quero, mas o mal que não quero".

4) A questão sobre as disposições que deve ser reforçada levanta uma questão de fundo: o que entendemos por "moral" e se a resposta deve ser buscada apenas no mecanismo evolutivo. Se a moral consiste unicamente no jogo de cooperação, então o melhoramento deve tentar reforçar o mecanismo evolucionário.

Isso é reconhecido por um grande número de autores, incluindo Haidt, que entende que a moral não busca maximizar a utilidade de forma individualista, mas pretende maximizar o bem, tendo em conta o nosso ser em sociedade. Tratar-se-ia, então, de um utilitarismo durkheimiano, como ele mesmo esclarece no seguinte texto que já citamos acima:

---

[162] HAIDT, Jonathan. "El perro emocional y su cola racional". *In:* CORTINA, Adela (coord.). *Guía Comares de neurofilosofía práctica*. Granada: Comares, 2012, pp. 159-215; HAIDT, Jonathan. *A Mente moralista:* por que pessoas boas se separam por causa da política e da religião. São Paulo: Antonio Kuntz, 2013; e CORTINA, Adela. *Neuroética y neuropolítica:* sugerencias para la educación moral. Madrid: Tecnos, 2011, pp. 61-65.

CAPÍTULO VI - BIOMELHORAMENTO MORAL

> Os sistemas morais são conjuntos entrelaçados de valores, virtudes, normas, práticas, identidades, instituições, tecnologias e mecanismos psicológicos evoluídos que trabalham conjuntamente para suprimir ou regular o interesse próprio e tornar as sociedades o mais cooperativas possível.[163]

Somente os grupos capazes de criar compromissos podem suprimir os aproveitadores e crescer.

Se entendermos a moralidade dessa forma, as modificações biomédicas a reforçam, como no caso da ocitocina. Esta, dirá Haidt,

> (...) liga as pessoas seletivamente a seus grupos, não à humanidade. Os neurônios-espelho ajudam a criar empatia com os outros, mas particularmente com aqueles que compartilham a mesma matriz moral. Seria lindo se os seres humanos fossem projetados para amar a todos incondicionalmente. Lindo, mas improvável de uma perspectiva evolutiva. O amor paroquial, desencadeado pela competição com outros grupos e ampliado pela semelhança, sentido compartilhado e a supressão de aproveitadores pode ser o máximo que podemos alcançar. A moralidade une e cega.[164]

Em minha opinião, porém, como viemos defendendo neste livro e ressaltaremos mais adiante, o progresso moral alcançado pela consciência social em nosso tempo não requer apenas o favorecimento da cooperação dentro de cada grupo, possibilitando a seleção de grupos, mas deve ser compreendido por "disposições morais" que levam em conta cada um dos seres humanos, sem exclusões grupais. E é nessa direção que deveriam ser cultivadas as relações, mediante virtudes cordiais.[165]

---

[163] HAIDT, Jonathan. *A Mente moralista:* por que pessoas boas se separam por causa da política e da religião. São Paulo: Antonio Kuntz, 2013, p. 220.

[164] HAIDT, Jonathan. *A Mente moralista:* por que pessoas boas se separam por causa da política e da religião. São Paulo: Antonio Kuntz, 2013, p. 221. De sua parte, Patricia Churchland verá na ocitocina uma das bases biológicas da moralidade, centrada, segundo ela, no cuidado. Ver CHURCHLAND, Patricia S. *Braintrust*. Princeton: Princeton University Press, 2011.

[165] CORTINA, Adela. *Ética de la razón cordial*. Oviedo: Nobel, 2007; CODINA, Maria

5) O que os melhoristas morais acertadamente apontam é que a educação é um bom meio, mas que não teve muito sucesso, apesar do grande trabalho realizado ao longo de séculos, com personalidades históricas como Buda, Confúcio, Sócrates, Jesus de Nazaré, além dos milhões de pais e professores que se comprometeram com ela e a proposta de complementá-la com meios biomédicos é discutível.

6) É verdade que existem descobertas importantes. A ocitocina promove a confiança, os inibidores seletivos da recaptação da serotonina (ISRS) aumentam a cooperação e reduzem a agressão, a Ritalina reduz a agressão violenta. Ademais, a desordem da personalidade antissocial pode ter uma base biológica e a criminalidade já foi associada a uma mutação da enzima monoamina oxidase (MAO) no cromossomo X, especialmente quando combinada com a privação social.[166] Mas realmente é esse o caminho para melhorar a motivação moral?

A meu ver, a proposta de biomelhoramento moral apresenta sérios *limites* que devem ser superados e que seriam em essência os seguintes.

Em primeiro lugar, as investigações ainda estão no início e seria muito difícil indicar como realizá-las e quais as suas consequências a médio e longo prazo. Seria necessário ir passo a passo, analisando caso a caso, avaliando os meios que são empregados como elemento-chave e a eficácia que cada medida poderia ter. Tentar uma modificação genética não é a mesma coisa do que propiciar uma inalação de ocitocina.

Consequentemente, os próprios defensores do biomelhoramento moral na verdade afirmam que é um imperativo moral continuar a pesquisa nessa área e não praticar já o biomelhoramento. O que é perfeitamente aceitável, porque sem dúvida é um dever moral investigar em qualquer direção que permita empoderar o ser humano, desde que não o prejudique. Mas seria um dever de obrigação imperfeita, que

---

José. *Neuroeducación en virtudes cordiales:* cómo reconciliar lo que decimos con lo que hacemos. Barcelona: Octaedro, 2015; PIRES, María do Céu. *Ética e cidadania: um diálogo com Adela Cortina.* Lisboa: Colibrí, 2015.

[166] SAVULESCU, Julian. *¿Decisiones peligrosas?* Una bioética desafiante. Madrid: Tecnos, 2012, pp. 240 e 241.

CAPÍTULO VI - BIOMELHORAMENTO MORAL

competiria com o dever de realizar outras investigações concorrentes. Em cada caso, financiadores e pesquisadores deveriam decidir qual delas poderia ser mais fecunda para humanidade.

Portanto, continuar a pesquisa sobre as bases biológicas da moral, pensando em um possível melhoramento, seria um dever moral de obrigação imperfeita.

Em segundo lugar, qualquer intervenção de melhoramento das disposições morais, no momento em que for possível praticá-la, deveria ser precedida da obtenção do cuidadoso consentimento da pessoa submetida à intervenção. É um requisito indispensável que ganhou presença histórica com o Código de Nuremberg, em 1947, elaborado após a Segunda Guerra Mundial e relativo a experimentos com seres humanos. Seu primeiro ponto afirma expressamente: "O consentimento voluntário do sujeito humano é absolutamente essencial", o que foi consagrado no Relatório de Belmont. Em qualquer caso, a exigência de consentimento reflete o que Habermas chamou de "autocompreensão ética da espécie", que reside na autonomia.

Uma objeção a que os defensores do biomelhoramento moral deveriam responder nesse caso é que a pessoa que quisesse se submeter a uma intervenção para melhorar suas disposições morais já estaria moralmente motivada. O que se desejaria é conciliar seus afetos com esse interesse, mas a pessoa perceberia as dificuldades encontradas ao tentar ajustar seu comportamento às convicções racionais. Na realidade, não haveria muita diferença entre aceitar inalar ocitocina para ter reações mais confiantes ou ingerir lítio para tratar o transtorno bipolar, embora, no segundo caso, se fale em tratamento e, no primeiro, em melhoramento.

Mas justamente o que os melhoristas morais pretendem conseguir é reforçar as motivações daqueles que não estão interessados em agir moralmente. Diante dessa pretensão, há apenas três saídas: ou o Estado oferece incentivo a quem deseja ser cobaia, ou elabora um plano de melhoramento moral para toda a população, ou o Ministério da Educação de cada país elabora um protocolo para tentar melhorar a motivação moral das crianças.

No primeiro caso, teríamos uma nova versão de *Laranja mecânica*, que mostra claramente o risco de despersonalização que correm aqueles que passam por essas modificações comportamentais ou motivacionais por incentivos externos. No segundo caso, novamente há o perigo da eugenia autoritária, por mais que os melhoristas morais insistam que é necessário legislar de acordo com as exigências democráticas. Justamente o fato de que a necessidade de melhoramento moral é baseada no enfrentamento dos riscos que o planeta e as gerações futuras correm, exige que existam pessoas com *motivação moral* situadas no nível pós-convencional do desenvolvimento da consciência moral, o que cria temores de que se esteja exigindo, ainda que sem querê-lo, uma planificação estatal.

É preciso lembrar que, no início deste século, surgiu o que veio a ser chamado de "eugenia liberal", para diferenciá-la da "eugenia autoritária", praticada no século anterior em diversos países.

A eugenia liberal se distinguiria da autoritária pelas seguintes características: neutralidade do Estado, em contraste com um Estado que projeta e impõe leis eugênicas; estende as liberdades de procriação, em vez de privá-las; o conselheiro genético é um especialista que apoia os pais, não é um agente do Estado; pretende-se o melhoramento individual, não a pureza racial da espécie; busca-se a eficiência econômica e não é uma ideologia política que a sustenta; são os pais que decidem, como no caso da educação, não o Estado.[167]

A resposta costuma consistir nesses casos em recorrer à terceira saída. Tratar-se-ia de complementar o processo educacional, o que exigiria um plano nas escolas, organizado pelo Estado. Mas tal projeto ainda é muito parecido como o de modificar as bases do comportamento de uma pessoa sem seu consentimento. Se, nos casos das pessoas violentas, já é um problema ético decidir se é possível intervir no seu corpo para reduzir as disposições violentas, ter um anexo de biomelhoramento na Lei da Educação para aplicar nas crianças ressuscita a ideia de um estatismo

---

[167] AGAR, Nicholas. "Liberal Eugenics". *In:* JUSE, Helga; SINGER, Peter (eds.). *Bioethics:* an anthology. Oxford: Blackwell, 1999, pp. 171-181; HABERMAS, Jürgen. *O Futuro da natureza humana:* a caminho de uma eugenia liberal? São Paulo: Martins Fontes, 2004.

CAPÍTULO VI - BIOMELHORAMENTO MORAL

inadmissível. Algo que já foi feito sem a necessidade de falar em melhoramento moral e que desperta excessivamente a memória de distopias como *Admirável mundo novo*, de Aldous Huxley.

Em todo caso, as modificações dos motivos cooperativos não parecem se encontrar com o motivo moral. Servir os distantes e próximos por motivos morais requer que sejam cultivadas as capacidades de apreciar o que é valioso por si mesmo e não apenas pelo benefício de coexistência que isso possa trazer. Isso é o que Kant chamava de sentimento de respeito ante o que vale em si mesmo e não para outras coisas. Tratar de transformar esse sentimento em uma experiência vital seria a chave, mas não acho que exista um meio biomédico que consiga isso.

Seria algo parecido ao que o norte-americano Arthur Caplan afirmava que faria, entusiasmado com a possibilidade de melhoramento: "Se eu tivesse a possibilidade de inserir no meu cérebro um *chip* com o qual já falasse francês, sem ter que passar por academias, cursos, ouvir fitas e todo o calvário que implica a aprendizagem de um idioma, não hesitaria por um segundo". Algo semelhante poderia ser feito em relação à moralidade?

Certamente projetos como esse ainda pertencem à ficção científica, mas as ficções podem se tornar realidade a médio e longo prazo, sendo necessário que os cidadãos possam aprender sobre elas e discuti-las. Nesse debate, uma questão seria fundamental: há outra forma que não as intervenções biológicas para alcançar uma humanidade convencida dos melhores valores na palavra e na ação? Ou será que não existe o *chip* moral, não existe fármaco ou implante que substitua a paciente formação voluntária do caráter das pessoas, das instituições e dos povos?

A chave parece continuar sendo a formação da consciência pessoal e social, através da educação formal e informal e da construção de instituições adequadas. Falaremos sobre isso no próximo capítulo, mas sem nos esquecermos de que a experiência compartilhada de sofrimento e alegria, a compaixão vivida, ainda é a melhor escola.

Para dizer isso ao modo de um autor que foi injustamente acusado de se esquecer dos sentimentos:

Embora não seja em si um dever sofrer (e, portanto, alegrar-se) com os outros, é, no entanto, participar ativamente de seu destino. [...] Assim, é dever não evitar os lugares onde se encontram os pobres que não têm o que precisam, senão procurá-los; não fugir dos quartos dos enfermos ou das prisões de devedores, para evitar aquela dolorosa e irreprimível simpatia: porque este é sem dúvida um dos impulsos que a natureza nos colocou para fazer o que só a representação do dever não alcançaria.[168]

---

[168] KANT, Immanuel. *A Metafísica dos costumes*. Bauru: Edipro, 2003, p. 329.

Capítulo VII
ERRADICAR A POBREZA, REDUZIR A DESIGUALDADE

> Da corrupção de nossos sentimentos morais ocasionada pela disposição em admirar os ricos e os grandes e a desprezar os pobres e de baixa condição.[169]

1. O pobre na sociedade da troca

Ao longo deste livro temos insistido que os pobres são aqueles que parecem não ser capazes de oferecer nada nas sociedades baseadas no jogo da troca, no jogo da reciprocidade, que consiste em dar para poder receber, seja da pessoa a quem se dá. seja da pessoa que está autorizada a devolver de alguma forma. Essa é a chave de nossas sociedades contratualistas – que são, sem dúvida, muito superiores àquelas regidas pelo egoísmo selvagem, mas excluem os pobres, porque são submetidas ao Princípio da Troca e também ao Efeito Matthew, segundo o qual, "quem tem mais, recebe mais, e quem tem pouco, mesmo o pouco lhe será tirado".

---

[169] SMITH, Adam. *Teoria dos sentimentos morais*. São Paulo: Martins Fontes, 1999, p. 338.

No mundo das trocas, os pobres provocam um sentimento de rejeição porque só apresentam problemas para quem, na realidade, só deseja ajuda para prosperar; suscitam desprezo quando são vistos de uma posição de superioridade, medo quando geram insegurança e, na melhor das hipóteses, impaciência para se livrar deles, impaciência do coração. Com toda razão, o relatório do Observatório Hatento apresenta os dados de seu estudo com ilustrações de ruas aparentemente vazias, marcando com um ponto de interrogação os locais onde há moradores de rua. Eles não são os invisíveis, são os invisibilizados.

Como essa atitude de rejeição foi incorporada ao cérebro evolutivamente, superá-la, se é isso que se deseja, exige apostar na compaixão em sua forma produtiva, recordando Stefan Zweig. A compaixão não é apenas o jogo de dar e receber, mas, sobretudo, o reconhecimento de que o outro é um igual, com quem existe um vínculo que antecede qualquer pacto. Porém, se é verdade, como parece ser, que nosso cérebro é aporófobo, que nascemos com essa tendência de ignorar quem não nos oferece benefícios, ou assim acreditamos, a mudança deve ocorrer ao longo da vida de cada pessoa, não se herdam as modificações nos cérebros dos predecessores.

Para produzir essa mudança na direção de ideais igualitários é necessário contar com a educação na família, na escola, na mídia e no conjunto da vida pública. Mas também é necessário construir os tipos de instituições e organizações que caminham nessa direção, porque não serão apenas justas, que é o que lhes corresponde, mas ajudarão a configurar pessoas com caracteres justos. As instituições e organizações realizam tarefas mais ou menos acertadas, mas ao mesmo tempo em que educam com a sua mera existência e atuação, influenciam na conformação do cérebro e do caráter pessoal e social.

Trata-se, então, de criar instituições políticas, educacionais e culturais que busquem promover uma neurodemocracia frente aos crimes e discursos de ódio contra os pobres, contra os mal situados em cada caso. Porém a política, a educação e a cultura não bastam, porque o peso das instituições econômicas e da vida econômica em seu conjunto é extraordinário, tem uma influência decisiva na configuração da forma

CAPÍTULO VII - ERRADICAR A POBREZA, REDUZIR...

de pensar e agir. Não é surpreendente que Adam Smith, professor de Filosofia Moral por treze anos na Universidade de Glasgow e autor de *Uma Investigação sobre a natureza e as causas da riqueza das nações*, de 1776, seu grande trabalho econômico, publicou *A teoria dos sentimentos morais*, em 1759. Nesta obra ele dedica uma seção, que tem por nome o que figura no começo deste capítulo, para refletir sobre a corrupção dos sentimentos morais, que vem da tendência de admirar os ricos e desprezar os pobres.

Essa tendência, a que demos o nome de "aporofobia" neste livro, persiste em nosso tempo e, evidentemente, coincide ao menos em parte com a queixa de Smith de que

> a riqueza e a grandeza costumam ser contempladas com o respeito e a admiração que só seriam devidas à sabedoria e à virtude; e que o menosprezo, que com propriedade deve ser dirigido ao vício e à estupidez, é, de forma muito injusta, dirigido à pobreza e à fraqueza.[170]

Que essa tendência deva ser redirecionada no sentido do respeito pela igual dignidade das pessoas é o protesto de quem hoje considera – nós consideramos – que é o justo, mas para isso é imprescindível construir instituições e organizações ligadas à economia que caminhem nesse sentido. Lembrando-se desde o início que a economia é, sem dúvida, a ciência que tenta superar a escassez, mas também e muito especialmente, *a ciência que busca eliminar a pobreza*. Porém, nesse ponto em que chegamos, surge a pergunta: eliminar a pobreza é um dever de justiça ou uma obrigação de caridade?

2. É um dever de justiça erradicar a pobreza econômica?

O compromisso de trabalhar para eliminar a pobreza pode ser, e tem sido na maior parte da história da humanidade, uma escolha

---

[170] SMITH, Adam. *Teoria dos sentimentos morais*. São Paulo: Martins Fontes, 1999, p. 138.

feita por certos indivíduos, grupos, associações ou instituições voluntárias. Mas também, sem renunciar à ajuda voluntária, pode ser entendida como um dever de justiça que devem cumprir os poderes políticos, leia-se, o Estado, as uniões supranacionais, como a União Europeia, as Nações Unidas e inclusive uma governança global, como a que vem se desenvolvendo em diferentes âmbitos; e, em estreita colaboração com o poder político, o poder econômico, ou seja, as empresas e instituições econômicas e financeiras, que são responsáveis pela criação de riquezas materiais e também imateriais. Para esclarecer se se trata de justiça ou de caridade, é necessário realizar pelo menos outras quatro tarefas.

1) Precisar quem são os pobres do ponto de vista econômico.

2) Averiguar se a pobreza é evitável ou se, ao contrário, a humanidade deve se acostumar a ela e apenas reduzi-la, como acontece com as doenças.

3) Esclarecer se é um direito das pessoas que a sociedade as coloque em condições de saída equitativas ou se não é uma questão de direito, mas de cálculo de utilidades, isto é, se implementar medidas antipobreza é uma questão de promoção ou de proteção. Se é um dever de justiça empoderar aqueles que se encontram em situação de pobreza involuntária para que saiam dela, porque é intrinsecamente um mal, ou se é uma opção inteligente para defender os pobres contra os choques letais da sorte e proteger a sociedade contra as externalidades negativas da pobreza.

4) Deixar claro se o que importa é eliminar a pobreza ou também reduzir as desigualdades econômicas. Esse é um dos grandes temas do nosso tempo.

Abordaremos essas questões a seguir.

3. A pobreza é falta de liberdade

Determinar quem são os pobres, desde um ponto de vista econômico, não é uma tarefa fácil, mas é necessário encontrar parâmetros que permitam fazê-lo para averiguar em que medida progride a luta contra a pobreza.

De início, foram propostas medidas quantitativas, como as que estabelecem uma "linha de pobreza", de modo que quem está situado abaixo dela seja considerado pobre. O pesquisador ou o político seleciona um conjunto de bens que considera mínimo, avalia seu preço e calcula quais pessoas não atingem aquela quantidade, e esses são os pobres. Outra forma de quantificar a pobreza consiste em calcular a renda média de uma região (ganho médio, consumo médio), dividir a quantidade por dois, calcular quantas pessoas não chegam à metade dessa quantidade e considerá-las pobres, estatisticamente falando. Obviamente, essas medidas mudam com o tempo e precisam ser revistas regularmente.[171] Em estreita conexão com essas avaliações métricas, diferentes gradações de pobreza podem ser estabelecidas. O Banco Mundial considera pobreza extrema contar com menos de 1,25 dólares por dia, em seu valor de 2005, e a pobreza moderada, contar com menos de 2 dólares por dia.

Essa busca de parâmetros foi, sem dúvida, um avanço, mas também tem suas sombras, por isso a "métrica monetária" para avaliar os graus de pobreza tem recebido muitas críticas. Em princípio, as necessidades básicas não podem ser satisfeitas com os mesmos bens em contextos diferentes, porque não é a mesma coisa sobreviver no Polo Norte e em um país tropical, nem o dinheiro tem o mesmo valor nas sociedades desenvolvidas e naquelas em que predomina a economia informal. Levar em conta os contextos é indispensável para definir qualquer linha de pobreza, daí o fato de se falar em uma "economia clínica" e de uma "economia hermenêutica".[172] Por outro lado, a métrica monetária acaba recorrendo às mercadorias necessárias para satisfazer as necessidades básicas, chegando a uma espécie de fetichismo da mercadoria, quando

---

[171] TORTOSA, José M. "Pobreza". *In:* CONILL, Jesús (coord.). *Glosario para una sociedad intercultural.* Valencia: Bancaja, 2002, p. 282.

[172] SACHS, Jeffrey. *O fim da pobreza.* São Paulo: Companhia das Letras, 2005; CONILL, Jesús. "Por una economía hermenéutica de la pobreza". *In:* CORTINA, Adela; PEREIRA, Gustavo (eds.). *Pobreza y libertad:* erradicar la pobreza desde el enfoque de las capacidades de Amartya Sen. Madrid: Tecnos, 2009, pp. 151-162.

o importante é comprovar se com as mercadorias se está amenizando a pobreza. Em terceiro lugar, essa métrica não leva em consideração as comparações interpessoais, ela apenas atende aos grandes números.[173]

Por isso que são mais adequados os índices complexos que, além da renda ou do consumo, levam em conta outras variáveis, como analfabetismo, expectativa de vida, mortalidade infantil, moradia, alimentação e meio ambiente.

Nessa ordem qualitativa de medidas, economistas como Jeffrey Sachs distinguem *três graus* de pobreza: 1) *Extrema ou absoluta*, quando as famílias não podem atender às necessidades básicas de sobrevivência e sem ajuda externa são incapazes de sair da pobreza. Só ocorre em países em desenvolvimento. 2) *Moderada*, quando as necessidades básicas são atendidas, mas de modo precário. 3) *Relativa*, quando o nível de renda familiar a coloca abaixo de uma proporção da renda nacional média.[174]

Por sua vez, Amartya Sen propôs uma caracterização da pobreza extremamente precisa: a pobreza é, afinal, falta de liberdade.[175]

Evidentemente, a pobreza extrema consiste na falta dos meios necessários à sobrevivência,[176] e nesses casos extremos "o primeiro é o primeiro". Seguindo a tradição consagrada da Teoria das Necessidades, o primeiro é atender às necessidades básicas, é libertar da necessidade.[177]

---

[173] SEN, Amartya. *Commodities and capabilities*. Amsterdam: North-Holland, 1985; CORTINA, Adela; PEREIRA, Gustavo (eds.). *Pobreza y libertad:* erradicar la pobreza desde el enfoque de las capacidades de Amartya Sen. Madrid: Tecnos, 2009, pp. 17-19.

[174] SACHS, Jeffrey. *O fim da pobreza*. São Paulo: Companhia das Letras, 2005; CONILL, Jesús. "Por una economía hermenéutica de la pobreza". *In:* CORTINA, Adela; PEREIRA, Gustavo (eds.). *Pobreza y libertad:* erradicar la pobreza desde el enfoque de las capacidades de Amartya Sen. Madrid: Tecnos, 2009, pp. 51-55.

[175] SEN, Amartya. *Desenvolvimento como liberdade*. São Paulo: Companhia das Letras, 2000.

[176] ARISTÓTELES. *Retórica*. Lisboa: Imprensa Nacional, 2005, p. 20.

[177] STREETEN, Paul *et al. First things first:* meeting basic human needs in developing countries. Oxford: Oxford University Press, 1981.

CAPÍTULO VII - ERRADICAR A POBREZA, REDUZIR...

Mas, se não for assim e indo à raiz de um conceito mais amplo de pobreza, esta supõe falta de liberdade, impossibilidade de realizar os projetos de vida que tenha motivos para valorizar, carência das capacidades básicas necessárias para assumir o comando da própria vida, o que tem consequências tão indesejáveis para quem dela sofre, como a de não poder ser um agente de sua própria vida, senão que apenas um sujeito paciente na loteria natural ou social, à mercê da própria sorte, sem poder buscar a felicidade da maneira que gostaria de escolher.

Não há dúvida de que a pobreza introduz a discriminação negativa entre as pessoas em capacidades tão básicas quanto a de organizar suas próprias vidas e buscar a felicidade, porque apenas uma parte da humanidade tem os meios para isso. Então surge a questão que levantamos anteriormente: é uma obrigação de justiça para as sociedades proporcionar aos seus membros as oportunidades necessárias para que possam ser agentes de suas vidas, seres autônomos e não heterônomos, capazes de se propor projetos de vida feliz e de tentar realizá-los? É uma questão que só faz sentido se a pobreza for realmente evitável no século XXI.

4. A pobreza é evitável

> *Os pobres (...) são como sombras em um quadro: fornecem o contraste necessário.*
>
> Philippe Hecquet, 1740.
>
> *Nosso sonho é um mundo sem pobreza.*
> Lema do Banco Mundial desde 1990.[178]

Ainda que em algumas Constituições se proclame o direito à felicidade, na realidade, esse direito não existe e a declaração é um brinde ao sol. O entorno social é importante para alcançar a felicidade, mas existem outras duas variáveis, ao menos, que não dependem da sociedade:

---

[178] RAVALLION, Martin. *The Economics of poverty*: history, measurement and policy. Oxford: Oxford University Press, 2016, p. 9.

as decisões pessoais e a sorte. Nesse sentido, a tarefa da ética grega consistiu em tentar desvendar quais virtudes uma pessoa deve desenvolver para fazer as escolhas certas e tomar decisões inteligentes na busca da boa vida, ou seja, para construir um bom caráter; recordando que estamos também nas mãos da sorte. A felicidade é alcançada através da formação do caráter, que, sim, está em nossas mãos, e pelo dom, que o ser humano não consegue administrar. Fortuna é *o que acontece* a uma pessoa, à diferença *do que ela faz*. Somos um híbrido de autonomia e vulnerabilidade.[179]

Nessa ordem de coisas, foi constante no mundo da ética grega entender que uma vida boa não depende da riqueza, nem a virtude consiste em possuí-la. Naturalmente, certos bens materiais são necessários, segundo Aristóteles, para poder se dedicar à vida contemplativa, mas a felicidade não consiste em possuir riquezas. Por sua vez, as escolas morais pós-aristotélicas, isto é, os epicuristas, os estoicos e os cínicos, coincidirão em apontar que o verdadeiro bem é a autarquia, a capacidade de ser dono de si mesmo, do que se conclui que é irracional colocar o coração nas riquezas. Segundo os estoicos, o sábio não lamenta a pobreza porque não está em suas mãos ser pobre ou rico, e a sabedoria consiste em buscar a felicidade naquilo que depende de nós.

E não só isso, senão que autores como Sêneca chegam a defender em seus escritos que a pobreza pode ter um lado bom, porque a riqueza é um obstáculo para a consagração do espírito. Esta é a mensagem que transmitirá à Lucílio em sua carta sobre o lado bom da pobreza, aconselhando a não esperar a sua superação para começar a se dedicar à filosofia. A pobreza é desejável precisamente porque se contenta com a satisfação das necessidades básicas e permite dedicar a vida ao trabalho do espírito.

Tomando a reflexão de Epicuro de que "para muitos, ter roubado riquezas não foi o término, mas uma troca de misérias", Sêneca entende que, para se dedicar à filosofia, "é preciso ser pobre ou semelhante ao

---

[179] CORTINA, Adela; CONILL, Jesús. "Ethics of vulnerability". *In:* MASFERRER, Aniceto; GARCÍA-SÁNCHEZ, Emilio (eds.). *Human dignity of the vulnerable*. Switzerland: Springer International Publishing AG, 2016, pp. 45-62.

CAPÍTULO VII - ERRADICAR A POBREZA, REDUZIR...

pobre", à frugalidade, que é a "pobreza voluntária." Acaba por considerar que a sabedoria substitui as riquezas, porque estas são dadas para quem são inúteis.[180] Na carta sobre as *Vantagens da pobreza*, aconselha de novo Lucílio a se libertar do medo da pobreza, porque os pobres não têm os medos e as preocupações dos ricos e em sua situação: "A alma cresce em si mesma, alimenta a si mesma. Tudo o que pode tornar-te bom está contigo".[181]

Evidentemente, as reflexões de Sêneca sobre a frugalidade são muito sugestivas para os movimentos sociais que promovem outro modo de vida e de consumo como armas contra um capitalismo selvagem que acaba fazendo do consumo o motor da produção.[182] Por outro lado, são muito coerentes com a visão estoica da vida, embora pareça que o próprio Sêneca não optou pela pobreza, apesar de recomendá-la a Lucílio. Mas, em qualquer caso, tanto em sua proposta quanto na dos cínicos, que insistiam em abrir mão da riqueza para conquistar a autarquia, trata-se de opções voluntárias, não involuntárias.

Certamente, o mundo antigo como um todo, tanto no Oriente como no Ocidente, entendeu que a pobreza involuntária é um dos obstáculos para ser agente da própria vida e que é um mal para quem dela sofre. *Porém um mal inevitável*. Foi generalizada a convicção de que sempre haverá pobres e, ademais, de que a pobreza não é um mal causado pela injustiça social, um mal que deve ser remediado. Estava longe a ideia de que a pobreza involuntária tem causas sociais, que é um direito do pobre ter a oportunidade de levar uma vida boa e que é um dever da sociedade provê-lo. Essa ideia não surgirá até o final do século XVIII, quando se produz o que Ravallion chama de "o Primeiro Iluminismo sobre a Pobreza". Uma das idéias centrais desse iluminismo é que a pobreza é evitável.

---

[180] SÉNECA, Lucio Aneu. *Cartas a Lucílio*. Lisboa: Fundação Calouste Gulbenkian, 2014, pp. 470-472.

[181] SÉNECA, Lucio Aneu. *Cartas a Lucílio*. Lisboa: Fundação Calouste Gulbenkian, 2014, p. 610

[182] CORTINA, Adela. *Por una ética del consumo:* la ciudadanía del consumidor en un mundo global. Madrid: Taurus, 2002.

Com efeito, até alguns séculos atrás, a situação geral da humanidade era de pobreza. A geração de riqueza indefinida é um fenômeno recente, que ocorre graças à combinação de fatores, como as novas tecnologias industriais, a energia do carvão, as forças de mercado, a mobilidade social, a urbanização, a mudança na estrutura familiar e a divisão de trabalho. Tudo isso é acompanhado por eventos políticos que criam um contexto de mobilidade e progresso,[183] como o surgimento do parlamentarismo na Grã-Bretanha e o surgimento das Teorias do Contrato Social, que desde Hobbes compreendem que a sociedade é construída a partir da vontade dos cidadãos. Essas teorias secularizam a noção de direitos naturais e colocam sua proteção nas mãos do Estado, a comunidade política nascente à época.

Graças a tudo isso e a fenômenos subsequentes, nos últimos cento e oitenta anos a atividade econômica total do planeta se multiplicou por quarenta e nove, de forma que existem recursos suficientes para erradicar a fome. Posições como a de Malthus, temerosa da relação entre o crescimento populacional e os meios para satisfazer suas necessidades, não escondem o fato de que o progresso indefinido pode criar riqueza indefinidamente, não escondem o fato de que Condorcet estava certo na disputa.

A pobreza voluntária é evitável, como mostra claramente Martin Ravallion, presidente da Sociedade para o Estudo da Desigualdade Econômica, dentre outros, em seu excelente livro *The Economics of poverty*. Pensar a pobreza foi mudando radicalmente desde os primeiros autores até os dias atuais, e ele dá como exemplos algumas citações muito expressivas, como as duas que encabeçam esta seção.[184]

De fato, em seu livro, Ravallion considera que há duas etapas principais na transição do pensamento sobre a pobreza, as quais podemos chamar de Primeiro e Segundo Iluminismo sobre a Pobreza, cada qual

---

[183] RAVALLION, Martin. *The Economics of poverty:* history, measurement and policy. Oxford: Oxford University Press, 2016.

[184] Ver também sobre a história do pensamento sobre a pobreza MORELL, Antonio. *La legitimación social de la pobreza*. Barcelona: Anthropos, 2002.

CAPÍTULO VII - ERRADICAR A POBREZA, REDUZIR...

abrangendo cerca de vinte anos.[185] O Primeiro Iluminismo ocorre no final do século XVIII e nele o respeito pelos pobres surge como uma questão social, não apenas como algo pessoal ou grupal: a economia deve produzir bem-estar, incluindo os pobres. É a visão, mais especialmente, de Adam Smith. Mas é também a época em que se lançam os alicerces para uma mudança na concepção de pobreza, afirmando que todos têm dignidade e não um simples preço, que valem por si só e não devem ser instrumentalizados. A formulação kantiana do Imperativo do Fim em Si mesmo seria a melhor expressão desse fundamento do direito dos pobres ao empoderamento e de que o Estado deve agir. Isso é o que decorre da famosa formulação, que diz assim: "Age de tal maneira que possas usar a humanidade, tanto em tua pessoa como na pessoa de qualquer outro, sempre e simultaneamente como fim e nunca simplesmente como meio".[186]

É no Segundo Iluminismo, porém, que a pobreza passa a não ser vista como inevitável, senão que deve ser eliminada, tarefa esta que se converte em um dever do Estado. Este Segundo Iluminismo ocorre nos anos sessenta e setenta do século XX, quando se amplia a convicção de que a pobreza é uma coerção, possivelmente a mais importante para a liberdade e a autossatisfação das pessoas. Há um consenso na convicção de que a pobreza é inaceitável, embora continuem os debates sobre como eliminá-la.

Nesse sentido, foi uma boa notícia que as Nações Unidas, ao traçar os célebres Objetivos do Milênio, que foram proclamados em 2000 com o propósito de alcançá-los em 2015, propuseram como primeiro objetivo a erradicação da pobreza extrema e da fome. Sem dúvida, alcançar os sete objetivos restantes também era urgente, mas a pobreza extrema e a fome tornam impossível alcançar qualquer outro objetivo, e por isso devem estar em primeiro lugar.

---

[185] RAVALLION, Martin. *The Economics of poverty:* history, measurement and policy. Oxford: Oxford University Press, 2016, pp. 593 e 594.
[186] KANT, Immanuel. *Fundamentação da Metafísica dos Costumes.* Lisboa: Edições 70, 2007, p. 84.

Assim como também foi uma excelente notícia que, novamente em 2015, as Nações Unidas propuseram Objetivos de Desenvolvimento Sustentável, que deveriam ser cumpridos até 2030, encabeçados nesse caso pelo objetivo "fim da pobreza", sem mais, e implicam na tarefa o mundo econômico, empresarial e político. Não se trata apenas da redução da pobreza extrema, mas do fim da pobreza.

5. Não apenas proteger a sociedade, mas, sobretudo, empoderar as pessoas

As políticas de combate à pobreza podem ser tomadas como medidas para proteger os indivíduos ou sociedades, ou como medidas para promover as pessoas.[187] Enquanto medidas para proteger os indivíduos, permitem atender às necessidades mais básicas e, portanto, são justificadas quando são tomadas conjunturalmente para evitar a perda de vidas. Mas, uma vez que essas necessidades urgentes forem atendidas, as medidas antipobreza podem levar à cronificação da pobreza e ao que tem sido chamado de "armadilha da pobreza", porque as pessoas ganham o suficiente para sobreviver, mas não para sair dela. Muitas políticas populistas levam as pessoas a cair nessa armadilha, com a qual não avançam e passam a depender totalmente de seus supostos benfeitores: votam neles incondicionalmente porque sua sobrevivência depende deles. O contrário do que deveria uma cidadania autônoma. Por isso, uma boa política antipobreza é a que tenta promover as pessoas que possam dela sair.

Entretanto, essa proteção também pode ser entendida em referência à sociedade e esta é a opção que mais se tem tomado historicamente.

No mundo antigo, as medidas antipobreza eram por vezes tomadas para proteger o conjunto da sociedade em face dos custos externos da pobreza, que consistiam principalmente em conflitos sociais, insegurança cidadã ou criminalidade. Por exemplo, no ano 500 a.C., Confúcio considera a pobreza como uma das "seis calamidades" que o Governo deve tentar evitar, porque ela põe em perigo a ordem social; também

---

[187] DRÈZE, Jean; SEM, Amartya. *Hunger and public action.* Oxford: Oxford University Press, 1989; e RAVALLION, Martin. *The Economics of poverty:* history, measurement and policy. Oxford: Oxford University Press, 2016, p. 29.

CAPÍTULO VII - ERRADICAR A POBREZA, REDUZIR...

Kautilya, em seu *Arthashsastra* (300 a.C.), aconselha aos reis que façam políticas sociais de proteção para tornar possível a estabilidade do regime. Para isso, era necessário manter a hierarquia e a desigualdade.[188]

O próprio Aristóteles considera que existe entre os homens uma ordem hierárquica natural, de modo que o escravo deve ser subordinado ao senhor e a mulher ao homem, porque o homem é dotado de razão e o melhor para todos é que o superior governe. Quanto aos pobres, constituem uma classe social que ocupa um lugar na vida política: vincula os pobres à maioria e à democracia e considera que não deveriam governar, porque estão degradados e dificilmente se deixarão reger pela razão; portanto, o governo da classe média seria preferível,[189] ainda que também seja verdade que Aristóteles reconheça que entre o escravo e o senhor há uma certa igualdade, o que não existe com o animal.[190]

Entretanto, é no início do século XVI que nascem com mais vigor as políticas para a proteção dos pobres e especialmente para a proteção da sociedade. Na Grã-Bretanha e na Europa ocorre um aumento prodigioso no número de pobres, mendigos, malandros, mulheres que se prostituem, feiticeiras e bruxas. O problema do pauperismo é vivenciado como uma ameaça à ordem social. É nesse contexto que se publica o primeiro tratado sobre a pobreza, concretamente, em 1526. A cidade de Bruges pede a um famoso humanista, o valenciano Juan Luis Vives, para escrevê-lo, e assim nasceu o texto *De subventione pauperum* da mão do mais célebre do estudante da Universidade de Valência.

O *Tratado del socorro de los pobres* tem por objeto investigar o número e os tipos de pobres para contar com dados adequados e poder propor medidas para aliviá-los, tentando introduzir racionalidade. Certamente, são antes de tudo medidas destinadas a proteger a sociedade de ladrões, de doenças contagiosas, das feiticeiras e vigaristas, para que

---

[188] RAVALLION, Martin. *The Economics of poverty:* history, measurement and policy. Oxford: Oxford University Press, 2016, p. 4.
[189] ARISTÓTELES. *Política*. Brasília: Editora UNB, 1985, VI.
[190] ARISTÓTELES. *Política*. Brasília: Editora UNB, 1985, VI.

estas coisas não sejam ignoradas pelas pessoas que governam o povo, que podem assim remediar tais doenças, bem como não deixar que afetem muitos. Na verdade, não é um governante sábio ou zeloso do bem comum aquele que permite tal mal a uma parte tão grande da cidade, como os pobres, não só inúteis, mas nocivos, para si próprios e para os outros.[191]

Contudo, o tratado não se contenta em analisar a situação dos pobres e propor medidas para evitar que seus males se espalhem pela sociedade como um todo, mas também reconhece expressamente que

> é uma coisa vergonhosa para nós, cristãos, que nos encarregamos tanto da caridade, e só dela, creio, consentir que entre nós existam tantos pobres e mendigos. Para onde quer que se vire os olhos, verás mil pobrezas e mil necessidades, mil mãos forçadas a pedir em função da pobreza.[192]

Com essa dupla raiz de proteção e promoção, a verdade é que Luis Vives deu um grande passo na luta contra a pobreza, ao defender que esta não devia ser deixada nas mãos de instituições de caridade e de esmolas individuais, mas, antes, que os poderes públicos deviam assumir a pobreza – nesse caso, os municípios – e tomar como base o estudo da situação. Como bem diz Muñoz Machado, as propostas de Vives "se separaram das formas tradicionais da prática de caridade, orientando-as para a municipalização e burocratização da assistência social".[193] O Primeiro Iluminismo sobre a Pobreza estava germinando, inclusive o que séculos mais tarde seria o Estado de Bem-estar.

Quanto às *Old poor laws*, do século XVI inglês, são medidas que visam mais à proteção do que à promoção, não permitem que a distribuição da riqueza ou que os pobres saiam da armadilha da

---

[191] VIVES, Juan Luis. *Tratado del socorro de los pobres*. Valencia: Pre-textos, 2006, p. 173.
[192] VIVES, Juan Luis. *Tratado del socorro de los pobres*. Valencia: Pre-textos, 2006, p. 174.
[193] MUÑOZ MACHADO, Santiago. *Sobre la pobreza y el derecho* (Discurso de Investidura como Doutor "Honoris Causa" pela Universidade de Valencia), Valencia, 7 de março de 2013, p. 25.

pobreza, mas vão deslocando o foco das esmolas privadas para a proteção social.

É no Segundo Iluminismo, nos anos sessenta e setenta do século XX, em que as medidas antipobreza (aumento de salários, sistemas de educação, mercados financeiros que funcionam razoavelmente bem) passam a não ser tomadas apenas para *proteger* o regime político e a estabilidade da sociedade, mas para *promover* os pobres a fim de que possam sair da pobreza.[194]

6. Esmolas ou justiça?

A constatação de que a pobreza é evitável, porque existem meios adequados para erradicá-la, ainda não faz com que seja um dever tentar sua eliminação. Comprovar que algo pode ser feito não implica reconhecer que se deve fazer, mas, sim, que, para se passar do poder ao dever, é preciso ter uma consciência pessoal ou social de que se deve fazer, porque quem sofre de pobreza tem o direito de sair dela e a sociedade está obrigada a empoderar os pobres para tal realização. Felizmente, a consciência social de que acabar com a pobreza é um dever da humanidade está se espalhando em escala global e o ativismo internacional está aumentando.[195] Mas esta consciência generalizada também é recente.

Na realidade, foram as religiões monoteístas – judaísmo, cristianismo, islamismo – que afirmaram primeiro que a pobreza é um problema e que ajudar a eliminá-la, compartilhando os próprios bens, é um compromisso ligado à fé.[196]

---

[194] RAVALLION, Martin. *The Economics of poverty*: history, measurement and policy. Oxford: Oxford University Press, 2016, p. 593.

[195] IGLESIAS, Enrique. "Estrategia para erradicar la pobreza en el siglo XXI". In: IGLESIAS, Enrique et al. *La ética en la estrategia empresarial del siglo XXI*. Valencia: Fundación ÉTNOR, 2008, p. 141.

[196] IGLESIAS, Enrique. "Estrategia para erradicar la pobreza en el siglo XXI". In: IGLESIAS, Enrique et al. *La ética en la estrategia empresarial del siglo XXI*. Valencia: Fundación ÉTNOR, 2008, p. 140.

No Antigo Testamento, a condenação de Javé aos que negligenciam o pobre, o órfão e a viúva, os *áporoi*, é constante e implacável. A mensagem ao povo é insistente: "Quero misericórdia e não sacrifício". Junto com a adoração a Javé, o cuidado dos *áporoi* é a *ortopraxis*, a prática autêntica, e são os profetas que cumprem a missão de lembrá-la, arriscando suas vidas. Não é surpreendente que Habermas apele para a herança judaica do idealismo alemão como uma das raízes da Teoria Crítica, dizendo que "o idealismo alemão dos judeus produziu o fermento de uma utopia crítica", nem que Michael Walzer incorpore o caminho profético como uma das possibilidades da hermenêutica.[197]

Por sua vez, o Novo Testamento abre as portas do reino a quem alimenta o faminto, dá de beber ao sedento e aloja o peregrino. Em um mundo em que há pobres e ricos, aposta nos primeiros, que serão felizes. Não é fácil interpretar os textos das bem-aventuranças, da Carta do Reino, mas o certo é que cuidar dos pequenos é a essência do cristianismo.[198]

Tudo isso pode ser chamado de "caridade" no sentido de "esmola"? Claro que não, pode e deve ser chamado de "justiça". O que ocorre é que se coloca como uma exigência pessoal e grupal, e não como uma obrigação da comunidade política. Nesse sentido, seriam pioneiras no mundo medieval as múltiplas revoltas de movimentos cristãos exigindo atenção aos pobres e a purificação da Igreja, como é o caso emblemático de Thomas Müntzer, mencionado por Marx, Engels e Bloch.

Porém, no mundo antigo medieval e renascentista, o discurso dos direitos pessoais e das obrigações das comunidades políticas para com os cidadãos ainda não havia nascido. No texto de Luis Vives sobre o socorro aos pobres, começa-se a exigir dos poderes públicos que intervenham de modo a evitar a propagação da miséria e porque não é próprio dos cristãos negligenciar os pobres, mas isso não é colocado

---

[197] HABERMAS, Jürgen. *Perfiles filosófico-políticos*. Madrid: Taurus, 1975, p. 57; WALZER, Michael. *Interpretación y crítica social*. Madrid: Nueva Visión, 1993.

[198] GARCÍA-ROCA, Joaquín. *Exclusión social y contracultura de la solidaridad*. Madrid: Ediciones HOAC, 1998; GARCÍA-ROCA, Joaquín. *Cristianismo:* nuevos horizontes, viejas fronteras. Valencia: Diálogo, 2016.

CAPÍTULO VII - ERRADICAR A POBREZA, REDUZIR...

como um direito dos pobres de sair da pobreza e como um dever da comunidade política satisfazer esse direito.

Essa é justamente a peculiaridade do mundo moderno, que foi muito adequadamente caracterizado como "a era do indivíduo": em comparação com o mundo antigo e medieval, a chave do mundo moderno é o indivíduo com seus direitos.[199] É o desejo de ver esses direitos protegidos o que leva os indivíduos a selarem, hipoteticamente, um contrato do qual nasce o Estado, no qual os cidadãos estão dispostos a cumprir seus deveres desde que o Estado proteja seus direitos. Esse é o Estado de Direito nascido nos séculos XVII e XVIII.

7. O direito a uma vida em liberdade

O reconhecimento de que as pessoas têm direito de que a sociedade as ajude a sair da pobreza tem uma história, como vimos. No século XVIII, afirmava-se que todo ser humano tem dignidade, não um preço, mas até o século XX não se extraem socialmente as consequências do reconhecimento da dignidade em termos de direitos. No século XIX, a "questão social" refere-se à exploração que ocorre nas fábricas, no mundo produtivo industrial, mas não à necessidade de acabar com a miséria e a fome humana. É a Declaração Universal dos Direitos Humanos, de 1948, que traz consigo a obrigação de proteger o direito à vida de cada ser humano, um direito que corresponde ao dever de protegê-lo em diversas instâncias nacionais, supranacionais e internacionais.[200]

A Declaração de 1948, escrita em termos de direitos subjetivos, de direitos das pessoas, segue a tradição do deontologismo que nasceu com Kant no século XVIII, frente a qualquer tentativa de submeter os direitos a cálculos. Diante da tradição utilitarista que, em última instância, admite com Bentham que não há direito que não possa ser abolido se

---

[199] RENAUT, Alain. *La era del individuo*. Barcelona: Destino, 1993.
[200] SEN, Amartya. "Elements of a theory of human rights". *Philosophy and Public Affairs*, n. 32/4, 2004, pp. 315-356.

não promover bem-estar geral, o deontologismo defende que os direitos das pessoas têm prioridade em face da utilidade coletiva, o que é derivado de sua dignidade. Nessa tradição kantiana, John Rawls estabelecerá uma distinção decisiva entre deontologismo e teleologismo ao esboçar uma teoria da justiça, que diz o seguinte.

O desenho de uma teoria da justiça se apoia em dois valores fundamentais: a ideia do justo e a ideia do bom. Ao projetar essa teoria, é possível tomar uma ou outra como ponto de partida. Se começarmos com o que é bom para os cidadãos (prazer, utilidade), o justo consistirá em maximizar esse bem, e isso é o que fazem tradicionalmente a ética utilitarista desde Bentham e a economia do bem-estar. Bentham entende que os direitos humanos são "tolices com pernas de pau" e que não há direito que não possa ser abolido se a abolição resultar no bem-estar geral, pelo qual a maximização da utilidade produz o desenho mais justo. Essa proposta é, sem dúvida, crítica e transformadora diante de posturas imobilistas, mas sofre de grandes deficiências enquanto uma proposta de justiça, pois pode inevitavelmente atropelar direitos pessoais.

O deontologismo, por sua vez, entende que o ponto de partida para o desenho de uma teoria da justiça são os direitos dos cidadãos e que é no âmbito desses direitos que cada pessoa deve desenvolver seu projeto de uma vida boa e feliz. É nesse sentido que se afirma que o justo tem primazia sobre o bom.

Nessa linha, e dando-lhe a figura de um contrato social por meio do qual os cidadãos tentam decidir quais serão seus princípios de justiça, Rawls trará à luz algumas ideias básicas: a sociedade é obrigada a garantir aos seus cidadãos um mínimo material, a proteção de certos direitos e liberdades inquestionáveis, as bases sociais da autoestima, da igualdade de oportunidades e de uma organização social que seja justa quando nenhuma outra possa proteger melhor os direitos dos menos favorecidos. Esses bens, que são chamados de bens primários, são aqueles que qualquer pessoa gostaria de ter para realizar qualquer plano de vida. Uma sociedade será justa se nela a distribuição de encargos e benefícios for tal que nenhuma outra seja mais benéfica para os menos favorecidos.

CAPÍTULO VII - ERRADICAR A POBREZA, REDUZIR...

Em uma linha semelhante à deontologista, está situado Sen, quem em um conhecido artigo, se perguntou "Igualdade, em quê? Igualdade, por quê?". Desde a década de setenta do século passado, alguns autores têm respondido a essa pergunta, embora não especificamente no campo econômico, concordando que a igual consideração e respeito que todos os seres humanos merecem exige a conquista da *igualdade social*, seja em bens primários básicos (Rawls), na satisfação de necessidades básicas (Streeten, Galtung, Gasper), em certos recursos (Dworkin), na proteção dos direitos humanos (Pogge) ou no empoderamento de capacidades básicas (Sen, Nussbaum, Crocker, Comim, Pereira).

Em todos esses casos se entende que erradicar a pobreza e reduzir as desigualdades é uma meta inegável do mundo econômico para os séculos XX e XXI, estes que, por sorte, nos coube viver.

8. Reduzir a desigualdade: propostas para o século XX

Nesta época, reconhecida como Era da Informação e das Comunicações, do Acesso, do Desenvolvimento Sustentável ou Era Digital, a economia enfrenta novos desafios, como os seguintes.

O fenômeno de uma globalização que é assimétrica, não só porque beneficia diferentes estratos sociais de forma diferenciada, gerando desigualdade, fome e exclusão, mas porque há uma assimetria entre a globalização econômica efetivamente existente, liderada pelo neoliberalismo, que reagiu contra o Estado de bem-estar social, e pela ausência de uma ética e de uma política igualmente globalizadas, que permitam colocar os bens da globalização a serviço das pessoas.

A financeirização da economia, em detrimento da "economia real", que aumenta o nível de incerteza e desvirtua tanto a tarefa empresarial como a financeira.[201]

---

[201] GÓMEZ-BEZARES, Fernando. *Ética, economía y finanzas*. Logroño: Gobierno de La Rioja, 2001; ANSOTEGUI, Carmen; GÓMEZ-BEZARES, Fernando; GONZÁLEZ FABRE, Raúl. *Ética de las finanzas*. Bilbao: Desclée de Brouwer, 2014.

- A configuração de uma nova ordem geopolítica, não mais bipolar, mas multipolar, em que os países emergentes ganham força econômica e política, com avanços e retrocessos.[202]

- As crises de refugiados políticos e imigrantes pobres, tão antigos quanto a humanidade, que assumiram proporções inusitadas e que testam radicalmente nosso senso de justiça.

- O desafio das novas tecnologias, o progresso da digitalização e o desafio de realizar um desenvolvimento sustentável, cuidando do meio ambiente e das pessoas.[203]

- A persistência da pobreza e das desigualdades em um mundo que possui recursos suficientes para erradicar a primeira e eliminar as desigualdades injustas.

Diante desses desafios e em linha com o que viemos afirmando, cumpre traçar para esse novo século propostas para a vida econômica como as seguintes.

Em primeiro lugar, *reduzir as desigualdades* como forma de erradicar a pobreza e alcançar o crescimento.

Como comentamos, a pobreza é evitável e o dever de eliminá-la não se baseia na ameaça que um mundo de pobres pode representar para o bem-estar dos bem situados, não é apenas uma medida de proteção frente às externalidades negativas da pobreza para a vida comum. Dizem que a pobreza tem grande impacto econômico e político, porque quem não trabalha não produz e os cidadãos que se encontram na miséria não participam, havendo, portanto, uma relação virtuosa entre a redução da pobreza e a melhoria da distribuição, por um lado, e crescimento econômico, por outro.[204] Mas a questão não é apenas de estratégia e

---

[202] LAMO DE ESPINOSA, Emilio. "La globalización cultural: ¿crisol, ensalada o gaspacho". *Mediterráneo Económico*, n. 26, 2014, pp. 389-407.

[203] SACHS, Jeffrey. *O fim da pobreza*. São Paulo: Companhia das Letras, 2005.

[204] IGLESIAS, Enrique. "Estrategia para erradicar la pobreza en el siglo XXI". *In*: IGLESIAS, Enrique et al. *La ética en la estrategia empresarial del siglo XXI*. Valencia: Fundación ÉTNOR, 2008, pp. 137-150.

CAPÍTULO VII - ERRADICAR A POBREZA, REDUZIR...

prudência, mas de justiça: o direito a uma vida sem pobreza é um direito das pessoas, ao qual corresponde o dever das sociedades em fornecer os meios para garanti-lo. É o que decorre do reconhecimento de que o ser humano tem dignidade e não apenas um preço. É verdade que a proteção desse direito também tem repercussões positivas para a paz social e isso é uma excelente notícia, porém, ajudar a sair da armadilha da pobreza é correlato ao direito das pessoas a viver uma vida em liberdade.

No entanto, para empoderar os pobres é necessário, entre outras coisas, superar fatores externos, como a incompletude dos mercados, os governos incorretos ou o acesso desigual aos *inputs* produtivos ou financeiros. Nesse sentido, foi dito corretamente que um dos grandes desafios, senão o maior, consiste em *reduzir as desigualdades*, porque são indesejáveis em si mesmas e pela pobreza que geram. Como Alfonso Novales aponta, se a desigualdade aumenta, a riqueza escapa dos pobres e a alta desigualdade torna difícil até mesmo alcançar o crescimento. Assim, de acordo com os setecentos especialistas mundiais que participaram da preparação do relatório *Global Risks 2014*, no Fórum Econômico Mundial em Davos, a desigualdade de renda é a questão que pode ter o maior impacto na economia mundial na próxima década, mais do que as mudanças climáticas, o alto desemprego, as crises fiscais e os riscos geopolíticos.[205]

A investigação sobre as causas das desigualdades é uma das questões centrais e mais debatidas em obras como a de Piketty, segundo quem, como os muito ricos detêm a maior parte da riqueza, os altos retornos geram maior desigualdade.[206] Isso é injusto em si mesmo, mas também por causa de suas terríveis consequências: os cidadãos perdem a fé em um sistema que os trata injustamente, um alto nível de desigualdade retarda o crescimento econômico de várias formas e as instituições políticas e econômicas desviam receitas públicas em favor de grupos de poder.[207]

---

[205] NOVALES, Alfonso. "Austeridad y desigualdad". Intervención na sessão da RACMYP em 24 de fevereiro de 2015, p. 1.
[206] PIKETTY, Thomas. *O Capital no século XXI*. Rio de Janeiro: Editora Intrínseca, 2014.
[207] NOVALES, Alfonso. "Austeridad y desigualdad". Intervención na sessão da RACMYP em 24 de fevereiro de 2015, pp. 1 e 2.

Justamente o desvio de receitas públicas em favor dos grupos de poder é um efeito do que se tem chamado de "economia clientelista", um obstáculo à igualdade de oportunidades. Ela é assimétrica por natureza, dá oportunidade a algumas empresas e a outras não, mas, ao mesmo tempo, gera pobreza, porque os recursos públicos são utilizados de forma ineficiente. Daí decorre que esse tipo de práticas corruptas retarde o crescimento. A corrupção não é, portanto, apenas uma prática imoral em si mesma, mas tem consequências letais para a igualdade de oportunidades, para os cidadãos e para o crescimento. Isso mostra que, tanto do ponto de vista teórico quanto empírico, é falsa a dicotomia comumente tratada entre as políticas econômicas que promovem o crescimento e as que promovem a igualdade.[208]

Mesmo da perspectiva de certos autores, as políticas destinadas a melhorar a igualdade de oportunidades podem ser mais eficazes na redução da pobreza do que aquelas que tentam estimular o crescimento econômico.[209] Portanto, a desigualdade é relevante por razões de equidade e justiça social, mas também pela relação indubitável que existe entre os níveis de desigualdade econômica e o crescimento econômico.[210]

Reduzir as desigualdades é, portanto, um dos objetivos centrais deste novo século. As desigualdades entre países, por meio da ajuda ao desenvolvimento, organizada na forma de codesenvolvimento, para evitar impor aos países em desenvolvimento formas de vida que eles não desejam e um acúmulo de mercadorias desnecessárias que não ajudam a aumentar as capacidades, mas a tranquilizar as consciências dos países doadores. Promover medidas de desenvolvimento com as pessoas afetadas é a única forma de agir com eficácia e justiça.[211] Porém, sem se esquecer que a

---

[208] TERCEIRO, Jaime. "Desigualdad y economía clientelar". Intervenção na sessão da RACMYP em 21 de junho de 2016.

[209] OLINTO, P.; LARA, G; SAAVEDRA, J. "Accelerating poverty reduction in a less poor world: the roles of growth and inequality". *Policy Research Working Paper*, n. 6855, The World Bank, Poverty Reduction and Equity Unit, 2014.

[210] TERCEIRO, Jaime. "Desigualdad y economía clientelar". Intervenção na sessão da RACMYP em 21 de junho de 2016, p. 3.

[211] CROCKER, David A. *Ethics of global development:* agency, capability and deliberative democracy. Cambridge: Cambridge University Press, 2008.

CAPÍTULO VII - ERRADICAR A POBREZA, REDUZIR...

melhor ajuda consiste em não impor tarifas sobre os produtos dos países em situação pior para proteger o próprio mercado, uma prática que corre risco de morte com o atual presidente dos Estados Unidos e com muitos outros mandatários.

Dentro de cada país é urgente eliminar a economia clientelista e evitar práticas corruptas, tomando medidas de transparência eficientes e eficazes; apostar na economia real, reduzindo o papel da economia financeira; ajustar o sistema tributário de forma proporcional, como um instrumento básico; reforçar as políticas sociais introduzidas pelo Estado de bem-estar e outras que já funcionam em alguns países, como a renda básica da cidadania, que busca uma liberdade real para todos.[212] A igualdade de oportunidades requer igualdade de acesso à educação e à saúde, ao crédito para desenvolver projetos empresariais ou financiar a acumulação de capital humano, igualdade de tratamento de todos os cidadãos pela Administração.[213]

Criar instituições que eliminem a pobreza e reduzam as desigualdades é a melhor maneira de a economia ajudar a erradicar a aporofobia.

Em segundo lugar, e no mesmo sentido, trata-se de unir o poder da economia aos ideais universais em um mundo globalizado.

Aquela economia ligada ao *oikós*, à casa, no século IV a.C. (Aristóteles), que no mundo moderno passou a se preocupar com a riqueza e a pobreza das nações (Smith), está inserida em um universo global que ela própria ajudou a construir. O processo de globalização tem sido possível devido ao progresso das tecnologias da informação e à expansão da economia, especialmente pela potencialização e mobilidade dos mercados financeiros.

---

[212] VAN PARIJS, Philippe. *Libertad real para todos*. Barcelona: Paidós, 1995; RAVENTÓS, Daniel. *El derecho a la existência*. Barcelona: Ariel, 1999; RAVENTÓS, Daniel. *La renta básica:* por una ciudadanía más libre, más igualitaria y más fraterna. Barcelona: Ariel, 2001; PINILLA, Rafael. *La renta básica de ciudadanía*. Barcelona: Icaria, 2004; PINILLA, Rafael. *Más allá del bienestar:* la renta básica de la ciudadanía como innovación social basada en la evidencia. Barcelona: Icaria, 2006.

[213] NOVALES, Alfonso. "Austeridad y desigualdad". Intervenção na sessão da RACMYP em 24 de fevereiro de 2015, p. 2.

Em um mundo parcialmente inédito, o mais inteligente e justo é aproveitar novos recursos dar corpo aos valores aspirados por nossa civilização, os valores de uma ética cívica, que já fazem parte do cerne de qualquer atividade social, incluindo a atividade econômica, e devem ser traduzidos em boas práticas. Felizmente, esses valores são compartilhados pela ética cívica das sociedades moralmente pluralistas e estão se tornando transnacionais.

Nesse sentido, é necessário aceitar ofertas como a do Pacto Mundial das Nações Unidas, proposta em 1999, no Fórum Econômico de Davos, pelo então Secretário-Geral das Nações Unidas, Kofi Annan, com as seguintes palavras: "Escolhamos unir o poder dos mercados com a autoridade dos ideais universais. Escolhamos reconciliar as forças criativas da empresa privada com as necessidades dos menos favorecidos e com as demandas das gerações futuras".

Neste caminho se situam os Objetivos de Desenvolvimento do Milênio e os Objetivos de Desenvolvimento Sustentável, que convidam as empresas a se tornarem cidadãs locais e globais.[214]

Entretanto, também é importante assumir os Princípios Orientadores de John Ruggie, "proteger, respeitar, remediar", que propõem a ação conjunta de governos e empresas na tarefa de defesa dos direitos humanos. Os governos devem proteger os direitos humanos, mas as empresas são obrigadas a respeitá-los e a remediar intervenções injustas, inclusive, indo ainda mais longe, devem fazer todo o possível para ajudar a mudar legislações deficientes usando sua influência e se tornando agentes de justiça.[215]

---

[214] ESCUDERO, Manuel. *Homo globalis*. Madrid: Espasa, 2005; SACHS, Jeffrey. *O fim da pobreza*. São Paulo: Companhia das Letras, 2005.
[215] RUGGIE, John Gerard. *Just Business:* multinational corporations and Human Rights. New York: W.W. Norton & Company, 2013; GARCÍA-MARZÁ, Domingo. "¿Agentes de justicia? La responsabilidad social de las empresas como factor de desarrollo". *In:* CORTINA, Adela; PEREIRA, Gustavo (eds.). *Pobreza y libertad:* erradicar la pobreza desde el enfoque de las capacidades de Amartya Sem. Madrid: Tecnos, 2009, pp. 193-209.

CAPÍTULO VII - ERRADICAR A POBREZA, REDUZIR...

Uma terceira proposta é assumir a Responsabilidade Social Empresarial (RSE), não como uma questão cosmética, mas de prudência e justiça.

Alguns autores consideram que assumir a responsabilidade social no caso das empresas é um comportamento típico de um "egoísmo esclarecido", mas se trata de um erro crasso. Ao contrário, trata-se de exercer a consagrada virtude da prudência, porque o prudente – como dizia Aristóteles – é aquele que discorre corretamente sobre o que lhe convém para viver bem, *mutatis mutandis*, poderíamos dizer com Kant, que até mesmo um povo de demônios, sem sensibilidade moral, preferiria a cooperação ao conflito, contanto que tenha inteligência.

Por outro lado, o termo *stakeholders*, que normalmente se traduz por "grupos de interesse" ou por "aqueles que apostaram na empresa", deveria se referir aos "afetados pela atividade da empresa que têm com ela legitimas expectativas."[216] Embora em linguagem comum falemos em "grupos de interesse", a verdade é que as empresas deveriam atender às expectativas dos afetados por suas atividades, desde que sejam legítimas. Isso é o justo e o prudente.

A RSE, portanto, apesar das críticas muito justificadas que recebeu,[217] pode se tornar um excelente instrumento de gestão, uma boa medida de prudência e uma exigência incontornável de justiça, um eixo triplo válido tanto para as microempresas, como para as pequenas, médias e grandes empresas. É a forma de contribuir para a construção de boas sociedades, por meio da obtenção do benefício empresarial, composto de ativos tangíveis e intangíveis. É claro que as empresas devem obter benefícios não só para sobreviver, mas também para se manterem competitivas em um ambiente de incertezas, porém a forma legítima e

---

[216] GARCÍA-MARZÁ, Domingo. *Ética empresarial:* del diálogo a la confianza. Madrid: Trotta, 2004; GARCÍA-MARZÁ, Domingo. "¿Agentes de justicia? La responsabilidad social de las empresas como factor de desarrollo". *In:* CORTINA, Adela; PEREIRA, Gustavo (eds.). *Pobreza y libertad:* erradicar la pobreza desde el enfoque de las capacidades de Amartya Sem. Madrid: Tecnos, 2009, pp. 193-209.

[217] VIVES, Antonio. *La responsabilidad social de las empresas:* enfoques ante la crisis. Madrid: Fundación Carolina, 2010.

ao mesmo tempo mais inteligente de fazê-lo, uma vez que aumenta a probabilidade de sobrevivência em médio e longo prazo, consiste em buscar o benefício de todos os afetados por sua atividade.

Assim, como aponta Jesús Conill, em se tratando de modelos de empresas, o mais indicado não é o economicista, determinado a maximizar o benefício aos acionistas a todo custo, nem sequer apenas o institucional, que, no entanto, já expressa as demandas de um modelo contratual para o qual nossos cérebros já estão preparados pelo mecanismo evolucionário. O modelo mais adequado seria aquele que leva em conta o benefício de todos os afetados pela sua atividade.[218] Por um lado, porque é mais prudente procurar aliados do que adversários e, por outro, porque é o justo.

Em quarto lugar, é importante promover o pluralismo dos modelos de empresa.

O pluralismo moral e político é uma riqueza, mas também é o dos modelos de empresas. Uma economia pluralista cria as condições para a atuação das sociedades comerciais, mas também das entidades econômicas que, sem fins lucrativos, sejam capazes de gerar valor agregado e, portanto, riqueza.[219] Junto com as empresas convencionais, ou seja, aquelas que, seja qual for a sua forma jurídica, se caracterizam por procurar a rentabilidade como tarefa prioritária, é necessário potencializar aquelas atividades localizadas fora da empresa convencional e que não visam prioritariamente à rentabilidade, mas, sim, à satisfação das necessidades sociais e evitam a exclusão. São, nas palavras de José Ángel Moreno, "sementes de economia alternativa", novos modelos de empresa, de consumo e investimento, nos quais a atividade econômica é instrumental. São propostas de construção de um mundo novo, também baseado na atividade econômica.[220] O nome que floresceu para designar

---

[218] CONILL, Jesús. *Horizontes de economía ética*. Madrid: Tecnos, 2004.

[219] ZAMAGNI, Stefano. "El reto de la responsabilidad civil de la empresa". *Mediterráneo Económico*, n. 26, 2014, p. 223.

[220] MORENO, José Ángel. "Semillas de economía alternativa". *In:* CORTINA, Adela (coord.). "La responsabilidad ética de la sociedad civil". *Mediterráneo Económico*, n. 26, 2014, pp. 291-307.

esse modelo é o de "economia social e solidária", proposto por Pérez de Mendiguren em 2009.

Se tentássemos caracterizar essas empresas, diríamos que seus objetivos primordiais são o empoderamento das pessoas, priorizar a cooperação no lugar da concorrência, assumir um modelo democrático na tomada de decisões, cuidar do meio ambiente, colocar a geração de empregos em primeiro lugar e tratar de orientar a sua atividade de forma ética.[221] Dentre essas empresas estão incluídas as de economia social, que têm uma longa história, mas também empresas sociais ou solidárias de empreendedorismo social, Economia do Bem Comum, economia colaborativa, levada a compartilhar os usos, mais do que a propriedade, os sistemas de produção e troca de dinheiro social e as finanças alternativas, que estão comprometidas com o investimento social.

Com todas as cautelas e disputas que essas novas formas de economia exigem, a economia social e solidária já está gerando uma grande quantidade de empregos e de riquezas materiais; é um ponto de encontro entre o setor social e o econômico e pode ser um bom meio de empoderar os pobres.[222]

Em quinto e último lugar, a economia e as empresas devem cultivar as diferentes motivações da racionalidade econômica. Normalmente entende-se que o interesse próprio é o motor do mundo econômico, segundo o famoso texto de Smith: "Não é da benevolência do açougueiro, cervejeiro ou padeiro que esperamos nosso jantar, mas da preocupação por seu interesse. Dirigimo-nos não à sua humanidade, mas ao seu amor-próprio, e nunca lhes falamos de nossas necessidades, mas das vantagens deles."[223] Mas agir apenas por interesse próprio é suicídio,

---

[221] MORENO, José Ángel. "Semillas de economía alternativa". *In:* CORTINA, Adela (coord.). "La responsabilidad ética de la sociedad civil". *Mediterráneo Económico*, n. 26, 2014, p. 294.
[222] GARCÍA DELGADO, José Luis; TRIGUERO, Ángela; JIMÉNEZ, Juan Carlos. "El emprendedor social como punto de encuentro entre el tercer sector y la sociedad civil". *Mediterráneo Económico*, n. 26, 2014. pp. 275-290.
[223] SMITH, Adam. *A Riqueza das nações*. Rio de Janeiro: Nova Fronteira, 2017, p. 17.

a reciprocidade e a cooperação também são essenciais, a capacidade de fechar contratos e cumpri-los, criando instituições sólidas. Portanto, vale também a capacidade de retribuir, a simpatia e o compromisso de quem tenta eliminar a pobreza alheia, trata de empoderar o pobre porque se reconhece sua dignidade e de cuidar da natureza, que em nosso tempo é extremamente vulnerável.[224]

Promover o século XXI um pluralismo das motivações na atividade econômica, o que inclui o amor-próprio, mas também a simpatia e o compromisso, significa fortalecer a economia a partir dos seus próprios princípios, tendo também em conta a natureza das bases cerebrais da racionalidade e da emotividade econômicas, como diversos estudos neuroeconômicos têm demonstrado.[225] Neles, como vimos, foi desacreditado o mito da racionalidade econômica, entendido como o de um *homo oeconomicus*, individualista, maximizador de seus benefícios, que a evolução biológica preparou para tentar sobreviver na luta pela vida, eliminando seus adversários. Pelo contrário, as pessoas são híbridos de *homo oeconomicus* e *homo reciprocans*, o homem que sabe cooperar, distinguir entre quem viola os contratos e quem os cumpre, punindo os primeiros e recompensando os segundos.

Entretanto, a racionalidade do contrato, embora indispensável à vida econômica e política, não é inovadora, pois consagra os pactos já existentes e não se esforça para descobrir novas necessidades, não é movida pela preocupação permanente de atender aos excluídos do jogo da troca, do jogo de dar e receber. Não leva em conta os *áporoi*, é excludente, ainda muito limitada para atingir todos os afetados pela atividade econômica.

Uma ética da razão cordial, ao contrário, é consciente do valor dos contratos para a vida política, econômica e social, mas também de que eles estão enraizados nessa outra forma de vínculo humano, que

---

[224] FRANCISCO. *Encíclica Laudato Si*: sobre o cuidado da casa comum, 2015.
[225] CONILL, Jesús. "Neuroeconomía y Neuromarketing: ¿más allá de la racionalidad maximizadora?". *In*: CORTINA, Adela (coord.). *Guía Comares de neurofilosofía práctica*. Granada: Comares, 2012, pp. 39-64.

CAPÍTULO VII - ERRADICAR A POBREZA, REDUZIR...

é a aliança. A aliança daqueles que se reconhecem mutuamente como pessoas dotadas de dignidade, não de um simples preço, como pessoas vulneráveis, necessitadas de justiça, mas também de cuidado e compaixão.[226]

---

[226] CORTINA, Adela. *Alianza y contrato:* ética, política y religión. Madrid: Trotta, 2001; CORTINA, Adela. *Ética de la razón cordial.* Oviedo: Nobel, 2007; CORTINA, Adela. *Para qué sirve realmente la ética?* Barcelona: Paidós, 2013.

Capítulo VIII
HOSPITALIDADE COSMOPOLITA

1. A crise de asilo e refúgio

Em seu tratado *Sobre a pedagogia*, Kant afirmava que "o homem não pode se tornar um verdadeiro homem senão pela educação. Ele é aquilo que a educação faz dele".[227] E assegurava que há dois problemas especialmente difíceis para a humanidade: o problema do governo das sociedades e o da educação. O segundo, de acordo com ele, é ainda mais complexo que o primeiro, porque é preciso decidir se vamos educar para o presente ou para um futuro melhor, um futuro que deve ser antecipado com criatividade. Sua escolha, como bom filósofo, foi a aposta em educar para um mundo melhor. Esse mundo seria o de uma sociedade cosmopolita, na qual nenhum ser humano se sentiria excluído. Essa seria a sociedade capaz de garantir a paz entre as pessoas e os povos. Uma paz que ainda hoje é tão necessária, enquanto a guerra continua destruindo vidas e populações inteiras em lugares como Síria, Afeganistão, Iraque, Líbia, Israel ou Palestina, e também os atentados terroristas que atingem qualquer lugar da Terra.

---

[227] KANT, Immanuel. *Sobre a Pedagogia*. Piracicaba: Editora Unimep, 1999, p. 15. Este capítulo tem sua origem em uma conferência apresentada no *Centro de Estudios Políticos y Constitucionales*, em 8 de outubro de 2015, e no artigo "Hospitalidad cosmopolita", publicado no *El País*, em 5 de dezembro de 2015.

Tudo isso com a trágica sequela do êxodo dos refugiados, que se une ao dos imigrantes pobres. Como dissemos desde o início deste livro, é um exemplo flagrante de aporofobia, que às vezes se expressa pelo ódio nos discursos de partidos e grupos populistas, que rememoram as façanhas daqueles grupos de caçadores-coletores confinados em seu egoísmo comunitário, dispostos a defender, com sangue e fogo, os seus contra quaisquer estranhos. Como a conformação básica do cérebro não mudou ao longo dos séculos, eles persistem no egoísmo biológico original e estão determinados a ignorar o progresso moral que, no nível da consciência explícita, a humanidade conquistou; insistem em fechar fronteiras para impedir que cheguem os que fogem da dor insuportável.

Sem dúvida, o êxodo de imigrantes econômicos e dos refugiados políticos é um dos maiores desafios que enfrentamos em nosso mundo globalizado, um problema que se coloca no mesonível das instituições nacionais, as espanholas em nosso caso, da União Europeia, enquanto união supranacional, e no macronível das instituições internacionais, de tal forma que não há solução possível se não for com um trabalho conjunto.

O fluxo de imigrantes econômicos em busca de trabalho ou de uma vida melhor tem aumentado exponencialmente devido às condições de miséria em que se encontram, principalmente no continente africano, e que os obriga a deixar seus países, chegando através do Mediterrâneo às costas da Itália, Grécia e Espanha. É o mundo das máfias, dos barcos carregados de homens, mulheres e crianças que se defrontam com a morte no mar, com naufrágios, com cercas ou com os CIE, os Centros de Internamento para Estrangeiros, o primeiro deles aberto na Grécia, em maio de 2012, com o objetivo de interná-los durante dias. Os motins e protestos nos CIEs aumentaram nos últimos tempos devido às condições desumanas em que se encontram os reclusos e pelos longos períodos de internação.

O problema atinge um grande número de dimensões: perda de vidas humanas, sofrimento por abandonar forçosamente o próprio país devido à guerra ou, como diz o Estatuto do Refugiado da ONU, de

CAPÍTULO VIII - HOSPITALIDADE COSMOPOLITA

1951 e modificado em 1967, por "temores fundados de ser perseguido por razões de raça, nacionalidade, pertencimento a determinado grupo social ou por opiniões políticas", necessidade de recorrer a máfias, sistemas de controle nas fronteiras dos países de acesso e problemas jurídicos relacionados com o direito de asilo. Com tudo isso se desvela a confusão e a falta de políticas comuns da União Europeia ante um problema humanitário dessa envergadura: os países da União continuam centrados naquilo que consideram seus problemas e carecem de capacidade de resposta. As posições vão mudando a cada dia.

Os atentados jihadistas pioram a situação e, em um bom número de Estados-membros, fortalecem grupos nacionalistas e xenófobos. As críticas a Merkel por parte dos social-democratas e de seu próprio partido, a rejeição de Cameron na época, a incrível ascensão da Frente Nacional na França, o aumento do populismo na Áustria, Hungria ou Polônia são sintomas de um claro enfraquecimento da solidariedade europeia. Mas também a recusa generalizada de assumir os refugiados imposta pelo sistema de cotas, exibindo um egoísmo desumano ou aceitando um número irrisório.

Com essa atitude, estão em jogo a vida e o bem-estar de milhares de pessoas, mas também a identidade europeia, caso a União Europeia seja incapaz de gerir as saídas da crise, respeitando seus valores. Tendo em conta que nossa vida é fortalecer uma União Européia que seja fiel a seus valores.

Em conexão com a Declaração Universal dos Direitos Humanos de 1948, *a pergunta que se coloca diante da crise migratória não é "se" é preciso acolher quem vem movido por necessidade e em condições de extrema vulnerabilidade, senão "como" fazê-lo.* Isso é *urgente.* E o importante, para usar a conhecida distinção de Ortega entre o que é urgente e o que é *importante*, consiste em construir uma sociedade cosmopolita, na qual todos os seres humanos se saibam e se sintam cidadãos. A construção dessa sociedade cosmopolita tem as suas raízes no sonho dos estoicos, que se reconhecem como cidadãos do seu país e como cidadãos do mundo, passa pelo cristianismo, se cristaliza no Iluminismo e é um dos grandes desafios do nosso tempo.

Nessa tradição é crucial um valor, o da hospitalidade, que pode ser entendida como virtude, *a virtude da hospitalidade, uma atitude pessoal*, como um dever, o *dever da hospitalidade*, que corresponde a um *direito à hospitalidade*, relativo às instituições jurídicas, políticas e sociais e às obrigações do Estado. Porém, também relativo a uma *exigência incondicional de hospitalidade*, que é *anterior ao dever e ao direito e deve se materializar através deles*. Se, como disse Kant, as intuições sem categorias são cegas e se as categorias sem intuições são vazias, podemos agora dizer que sem as leis e a ação política a exigência incondicional de hospitalidade fica vazia, mas sem essa exigência incondicional as leis de asilo e de estrangeiros são cegas. Encontramo-nos nesta dialética e devemos enfrentá-la, porque se a Europa quer continuar existindo, deve se propor reforçar a exigência de hospitalidade que nasceu em seu seio e entendida não só como hospitalidade doméstica, mas também como hospitalidade institucional e universal. São duas caras complementares da mesma moeda e não se pode renunciar a nenhuma delas.

2. Um sinal de civilização

O termo "hospitalidade", como é conhecido, reúne o conteúdo da palavra grega *filoxenía*, "amor ou afeto por estranhos", e tem sua origem no latim *hospitare*, que significa "receber como convidado". Trata-se de uma atitude amigável por parte de quem acolhe e hospeda estrangeiros e visitantes. Segundo o *Dicionário da Língua Espanhola*, é a virtude que se exerce com os peregrinos, necessitados e desamparados, reunindo-os e auxiliando-os em suas necessidades. São seus sinônimos a recepção, o asilo, o amparo, a admissão, o acolhimento ou a proteção; e os antônimos, a rejeição e a hostilidade.

A hospitalidade doméstica, a disposição a acolher o estrangeiro em sua casa, foi uma virtude cotidiana no mundo antigo, tanto no Oriente como no Ocidente. Uma virtude que não necessitava de justificativa: acolher o estrangeiro e os que necessitavam de ajuda era sinal de civilidade ou, se for caso, de religiosidade; a verdade é que era inquestionável. Era a rejeição ao estrangeiro necessitado de ajuda que exigia justificativa, pois a atitude acolhedora era socialmente aceita como óbvia.

CAPÍTULO VIII - HOSPITALIDADE COSMOPOLITA

Os relatos de atitudes hospitaleiras abundam na tradição ocidental, tanto no mundo bíblico como no grego e romano. O estranho que precisava de comida ou abrigo era até portador de uma presença divina, e o acolhimento era a resposta óbvia à sua chegada. Os relatos de hospitalidade aparecem nos poemas homéricos – na *Ilíada* e principalmente na *Odisseia* –, em mitos como Filemon e Baucis e são constantes na Bíblia.

Quanto ao mito de Filemon e Baucis, são Zeus e Mercúrio que procuram asilo na cidade de Tiana e só o casal os recebe com hospitalidade, por isso os deuses salvam ambos de uma inundação com a qual destroem a cidade, mas não sua casa. Quanto ao célebre relato do Gênesis, "A teofania de Mambré", Abraão e Sara descobrem que terão um filho graças aos três peregrinos a que dão água, comida e um lugar para se protegerem do sol. Ao longo da narrativa, é impossível discernir se um dos três peregrinos é Javé, mas a verdade é que o bom anúncio vem graças à hospitalidade de Abraão e apesar da desconfiança de Sara.[228] Daí o famoso texto de São Paulo aos hebreus: "Não se esqueçam da hospitalidade: graças a ela alguns hospedaram anjos sem saber."[229]

Em todo o Antigo Testamento, Javé repete incessantemente aos israelitas o dever de praticar a hospitalidade, lembrando-lhes que eles também foram estrangeiros na terra do Egito.[230] O Novo Testamento valoriza a hospitalidade como uma das atitudes que o Filho do Homem levará em conta para a salvação: "Eu era um estranho e você me acolheu."[231] O estrangeiro é sagrado e acolhê-lo é a atitude adequada.

Em todos esses casos, a hospitalidade surge como uma virtude pessoal, mas também como um dever cujo cumprimento exige o fato

---

[228] BÍBLIA. A.T. Gênesis, 28, 1-5. *In:* BIBLÍA. São Paulo: Sociedade Bíblica de Aparecida, 2008.

[229] BÍBLIA. A.T. Hebreus, 13, 2. *In:* BIBLÍA. São Paulo: Sociedade Bíblica de Aparecida, 2008.

[230] Para um estudo da hospitalidade na Bíblia, ver TORRALBA, Francesc. *Sobre la hospitalidade*. Madrid: PPC, 2005; e TORRALBA, Francesc. "No olvidéis la hospitalidade". *Una exploración teológica*, PPC, Madrid, 2004.

[231] BÍBLIA. N.T. Mateus, 25, 35. *In:* BIBLÍA. São Paulo: Sociedade Bíblica de Aparecida, 2008.

de se perceber a necessidade do estrangeiro e dos necessitados, sua vulnerabilidade. Trata-se de responder ao seu desamparo e não há resposta humana que não seja o acolhimento.

Certamente, a hospitalidade pessoal continua sendo essencial para responder desafios à altura humana, como aqueles colocados pelos êxodos em massa produzidos pela fome e pelas guerras e aqueles que estão por vir previsivelmente devido à desertificação gradual da Terra, quando uma grande parte da população carecer de acesso à água. Por isso é importante que um grande número de famílias e grupos acolha quem vem do exterior sem esperar pelos arranjos institucionais. Mas esse acolhimento é insuficiente. É necessária uma institucionalização da hospitalidade para que não fique apenas restrita a respostas pessoais. Da mesma forma que Luis Vives, acertadamente, considerou necessário exigir que as instituições políticas (em seu caso, os *ayuntamientos*)[232] se envolvessem na solução do problema da pobreza, o fenômeno das imigrações em massa, por distintas razões, também requer soluções institucionais.

3. Uma virtude da convivência

Sem dúvida, a virtude da hospitalidade pessoal ainda é necessária para um mundo à altura humana, mas é insuficiente para dar uma resposta justa aos êxodos maciços que vivemos no século XXI. Nessa situação, pode ser proveitoso viajar ao mundo do Iluminismo, no qual um filósofo tão significativo como Immanuel Kant apresenta dois significados para o termo "hospitalidade", os quais, embora ligados entre si, diferem substancialmente. O primeiro deles é apresentado como uma virtude necessária para a convivência; o segundo, como um direito e um dever. Ambos constituem uma contribuição interessante para o momento atual, ainda que talvez mais o segundo do que o primeiro.

O lugar canônico para analisar a hospitalidade como virtude da convivência é o parágrafo quarenta e oito da *Doutrina da Virtude* da *Metafísica dos costumes*, embora também seja conveniente recorrer às *Lições*

---

[232] VIVES, Juan Luis. *Tratado del socorro de los pobres*. Valencia: Pre-textos, 2006.

CAPÍTULO VIII - HOSPITALIDADE COSMOPOLITA

de ética, em que também trata deste tipo de virtudes.[233] Aqui, as virtudes sociais perdem em grande parte o significado ético que tinham no início e, é claro, o significado religioso daquele conceito de hospitalidade de que falamos, e se tornam virtudes de convivência. Segundo Kant, não podem ser devidamente consideradas virtudes porque "não aspiram a aliviar as necessidades básicas de ninguém, senão que apenas contribuir para sua comodidade e seu único objetivo é tornar as relações humanas agradáveis".[234] Não se trata, portanto, de atender aos necessitados pelo fato de serem necessitados, de lhes dar o acolhimento de que precisam, mas de hábitos que tornam a convivência agradável.

É verdade que Kant apresentará essas virtudes com uma mensagem ambígua. Por um lado, justifica o fato de considerá-las virtudes alegando que cada pessoa parte de si mesma, mas deve se relacionar com os outros, tendo em conta que faz parte de um conjunto de círculos, o último dos quais, mais abrangente, é uma sociedade cosmopolita.[235] Mas, por outro lado, ele não considera que essas virtudes, que tornam mais fluida a relação interpessoal, sejam propriamente virtudes morais, porque a missão das virtudes morais consiste em fortalecer o ânimo para o cumprimento dos deveres, e não é esse o caso, mas, sim, o de facilitar a convivência e tornar a virtude mais amável e atrativa.

Com elas se trata de cultivar a comunicação recíproca, a amenidade, o espírito de conciliação, o amor e o respeito mútuo, a afabilidade, o tratamento e o decoro, que Kant chama por *humanitas aesthetica*. Ele garante que essas virtudes têm uma grande força civilizadora, pois precisamos normalmente da cortesia dos outros e do tratamento amável. Mas, do ponto de vista moral, Kant as considera como adornos externos, uma pequena mudança que não engana ninguém, o que é um julgamento muito duro.

Entretanto, e continuando com sua avaliação ambígua desses hábitos, Kant acrescenta que eles favorecem o sentimento de virtude,

---

[233] KANT, Immanuel. *Lecciones de ética*. Barcelona: Crítica, 1988, pp. 283-285; KANT, Immanuel. *A Metafísica dos costumes*. Bauru: Edipro, 2003.
[234] KANT, Immanuel. *Lecciones de ética*. Barcelona: Crítica, 1988, p. 283.
[235] KANT, Immanuel. *A Metafísica dos costumes*. Bauru: Edipro, 2003, p. 350.

porque a afabilidade, o caráter expansivo, a cortesia, a hospitalidade e a benignidade de quem sabe rebater sem disputar, ainda que isso não seja senão aparência de virtude moral, aproximam-se tanto quanto possível dele.[236] Humanizam e civilizam, de modo que permitem ao homem experimentar a força moral dos princípios virtuosos.[237] São apenas formas de tratamento, mas obrigam os outros e influenciam a favor da intenção virtuosa de torná-las *estimável* pelo menos.[238]

Ao ler estes textos, é difícil não lembrar que atualmente os códigos de ética do turismo colocam a hospitalidade como um valor indispensável, entendida como essa virtude da convivência que torna a vida comum agradável e satisfaz as necessidades de um hóspede, as quais não são necessidades vitais, mas o desejo de ser tratado de forma afável. Dessa experiência nasceu um ramo do conhecimento, denominado "Ciências da Hospitalidade", e que gerou um conjunto de graduações e Faculdades, para além de um bom número de pesquisas. Nelas se ensina, como em tantas outras atividades sociais, que quanto mais atenção o anfitrião presta em descobrir os desejos do hóspede, e não em maximizar o lucro a todo custo, mais aumentará a probabilidade de que a rentabilidade seja maior, entendida em um sentido amplo. Novamente, a prudência ensina a se comportar com afabilidade, a desenvolver um bom tratamento.

Voltando ao texto de Kant, a alusão ao fato de que o indivíduo vive em círculos concêntricos, dos quais o mais abrangente é o cosmopolita, poderia dotar a virtude da hospitalidade de um caráter moral mais exigente, poderia apontar o caminho para uma sociedade sem exclusão. Mas, mesmo que fosse assim, uma virtude pessoal de convivência é insuficiente para enfrentar à altura humana o problema do deslocamento maciço de pessoas movidas por necessidade. É preciso o sentido de abertura da hospitalidade tão valorizada pelo mundo bíblico, grego e romano, mas, nesse caso, um sentido de abertura mediado pelas

---

[236] KANT, Immanuel. *A Metafísica dos costumes*. Bauru: Edipro, 2003, pp. 350 e 351.
[237] KANT, Immanuel. *Lecciones de ética*. Barcelona: Crítica, 1988, p. 284.
[238] KANT, Immanuel. *A Metafísica dos costumes*. Bauru: Edipro, 2003, p. 351.

CAPÍTULO VIII - HOSPITALIDADE COSMOPOLITA

exigências que a construção de uma sociedade cosmopolita impõe. Para tanto, é necessário recorrer também ao segundo conceito de hospitalidade de que Kant trata em outro contexto, o da construção de um Direito Cosmopolita, que nos permite complementar *a virtude pessoal* com a transição para a *obrigação institucional* de acolher os estrangeiros. O dever de hospitalidade pessoal se converte em um dever jurídico, correspondendo ao direito do estrangeiro de ser acolhido.

Portanto, nessa tarefa de exigir uma institucionalização jurídica da hospitalidade, Kant será empregado, e, em nossos dias, autores como Lévinas ou Derrida recordarão a exigência incondicional do acolhimento, que provém do mundo bíblico, mas também precisa se plasmar em instituições.

4. A hospitalidade como direito e como dever

Kant tratará da hospitalidade novamente, mas agora como um dever jurídico, fundamentalmente nos dois lugares onde tenta traçar os contornos de um Direito Cosmopolita: em *À Paz perpétua* e na *Doutrina do Direito* da *Metafísica dos costumes*. Não haverá paz duradoura – é a mensagem – sem que sejam eliminadas as causas da guerra, e isso só se consegue numa sociedade cosmopolita, em que todos os seres humanos se saibam e se sintam cidadãos, sem exclusões, qualquer que seja a forma de organização dessa sociedade cosmopolita. Para construí-la, o Direito Cosmopolita deve estabelecer as condições para a hospitalidade universal; e isso não é apenas filantropia, é um dever legal que corresponde a um direito. Essa é a peculiaridade da proposta kantiana, que se inscreve no contexto de projetos de paz perpétua de seu tempo, entre eles o do abade Sanit-Pierre, *Projet pour rendre la paix perpétuelle en Europe* (1713).

Na realidade o cosmopolitismo nem sempre foi valorizado de forma positiva, como lembra Massimo Mori, em textos como *Le cosmopolitisme ou le citoyen du monde*, de Louis-Charles Fougeret de Monbron, que considera o cosmopolita como um individualista radical, que rejeita qualquer compromisso com a comunidade. Mori aduz o seguinte texto desta obra, extremamente expressivo: "Todos os países são iguais para mim, desde que eu desfrute da clareza dos céus e possa convenientemente preservar a minha pessoa até o fim. Dono absoluto de minhas vontades e soberanamente independente, mudando minha moradia, costumes e clima, ao meu capricho, adiro a tudo e a nada".[239] De fato, no *Dictionnaire de l'Académie* se diz que "um cosmopolita não é um bom cidadão". Essa é também a opinião de Rousseau sobre "esses cosmopolitas que procuram ao longe em seus livros deveres que desdenham cumprir em seu entorno".[240]

No entanto, também no século XVIII, uma visão positiva do cosmopolitismo foi ganhando força, na qual se inscrevem autores como Voltaire, Shaftesbury, Lessing e Kant. Em geral, trata-se de um cosmopolitismo bastante cultural, visão compartilhada por Kant, mas a contribuição essencial para a história do cosmopolitismo é sua convicção de que se trata de um problema jurídico que não pode ser resolvido sem definir as relações entre os homens e os Estados, em termos jurídicos.[241] Entretanto, a meu ver, esta proposta kantiana tem grandes limitações porque o direito não basta; a ética e a política também são imprescindíveis. Para demonstrar, começaremos por analisar essa noção jurídica de hospitalidade, recorrendo, sobretudo, às duas obras kantianas mencionadas.

Em 1795, Kant publicou o livro *À Paz perpétua*, um texto que visa lançar as bases para uma paz duradoura entre os seres humanos.[242] Certamente, o rótulo "paz perpétua", que o próprio Kant ironiza no preâmbulo da obra,[243] tem, porém, um significado que não deve ser desdenhado.

---

[239] FOUGERET DE MONBRON, Louis-Charles. *Le cosmopolitisme ou le citoyen du monde, suivi de la capitale des Gaules ou la nouvelle Babylone*. Paris: Ducros, 1970, p. 30.

[240] ROUSSEAU, Jean-Jacques. *Oeuvres completes*. Paris: Gallimard, 1969, IV, p. 249.

[241] MORI, Massimo. "Kant and Cosmopolitanism". *In:* PIMENTEL, Manuel Cândido; MORUJÃO, Carlos; SILVA, Miguel Santos (eds.). *Immanuel Kant nos 200 anos da sua morte*. Lisboa: Universidade Catolica Editora, 2006, p. 308.

[242] O livro faz parte do conjunto de trabalhos kantianos sobre ética, política, direito e filosofia da história e está ligado fundamentalmente a textos como "Ideia de uma história universal de um ponto de vista cosmopolita" (1784), "Sobre a expressão corrente: isto pode ser correto na teoria, mas nada vale na prática" (1793), "A Metafísica dos costumes" (1797) e os tratados de Pedagogia (1803).

[243] "Pode deixar-se em suspenso se esta inscrição satírica na tabuleta de uma pousada holandesa, em que estava pintado um cemitério, interessa em geral aos homens, ou em

CAPÍTULO VIII - HOSPITALIDADE COSMOPOLITA

Como se sabe, Kant tem uma visão pessimista do estado de natureza, estreitamente ligada à hobbesiana, e entende que é um dever moral sair desse estado de guerra permanente em que as pessoas não conseguem desenvolver sua autonomia ou organizar uma convivência pacífica.[244] É, portanto, um dever moral assinar o pacto pelo qual se forma a comunidade política, o Estado civil. Mas o pacto não pode levar apenas a uma situação de paz contingente, porque a ideia de paz perpétua não é uma utopia, ao contrário do projeto do Abade de Saint-Pierre, e sim uma ideia reguladora. Isso significa que, do ponto de vista teórico, não se pode afirmar ou negar se uma situação de paz perpétua será possível, mas do ponto de vista prático é uma obrigação moral trabalhar nessa direção, porque a razão prática lança seu veto irrevogável "não deve haver guerra", porque não é assim que cada um deve buscar seu direito.[245] O eco de Hobbes é claro aqui:

> A guerra não consiste apenas em lutar, no ato de lutar, mas ocorre durante o período de tempo em que a vontade de lutar se manifesta suficientemente. Por isso, a noção de tempo deve ser levada em consideração tanto no que diz respeito à natureza da guerra, quanto no que diz respeito à natureza do clima. Na verdade, assim como a natureza do mau tempo não reside em uma ou duas chuvas, mas na propensão a chover por vários dias, a natureza da guerra consiste, não na luta real, mas na disposição manifesta para ela, enquanto não houver garantia do contrário. Todo o tempo restante é de paz.[246]

Não é possível, portanto, falar de paz enquanto os homens se encontrem em uma situação de guerra potencial: deve existir garantia de que a vontade de lutar cessou. Hobbes acredita encontrar essa garantia

---

particular aos chefes de Estado que nunca chegam a saciar-se da guerra, ou tão-só aos filósofos que se entregam a esse doce sonho". KANT, Immanuel. *À Paz perpétua*. Covilhã: Universidade da Beira Interior, 2008.

[244] CORTINA, Adela. *"Estudio Preliminar" a Immanuel Kant:* la Metafísica de las Costumbres. Madrid: Tecnos, XV-XCI, 1989.

[245] KANT, Immanuel. *A Metafísica dos costumes*. Bauru: Edipro, 2003, p. 195.

[246] HOBBES, Thomas. *Leviatã*. São Paulo: Martins Fontes, 2003, p. 102.

no pacto pelo qual se entrega o poder absoluto a um soberano. Kant, por seu lado, propõe seis artigos preliminares para a paz perpétua e três definitivos. Dos três definitivos, o primeiro se refere ao Direito Político de cada um dos Estados e propõe fazê-los crescer em republicanismo; o segundo artigo, ligado ao Direito das Gentes, ou seja, às relações entre os Estados e os povos, sugere formar uma federação de Estados; e o último propõe criar uma sociedade cosmopolita através de um Direito Cosmopolita. O modo de assegurar a paz não consiste em aumentar o armamento, não consiste em preparar a guerra preventiva, mas em republicanizar todos os Estados, fixando relações entre eles e aspirando uma sociedade cosmopolita.

Do que se conclui que a ideia reguladora da paz perpétua e do cosmopolitismo estão intrinsecamente ligadas à filosofia kantiana e, inclusive, que é a paz que torna o cosmopolitismo atraente. Uma posição que é discutível, pois é possível compreender que aspirar a uma sociedade cosmopolita é uma ideia reguladora que vale por si mesma e é isso o que dão a entender outras obras de filosofia da história e os trabalhos *Sobre a pedagogia*.

Em todo caso, é nesse terceiro artigo definitivo para a paz perpétua que o conceito de *hospitalidade* aparece explicitamente. O artigo em questão diz assim: "O direito cosmopolita deve se limitar às condições da hospitalidade universal".[247]

Com isso, nasce uma ideia de hospitalidade que não se refere apenas às relações interpessoais, não é uma virtude de civilidade e convivência, mas um dever dos habitantes dos Estados e dos Estados enquanto tais. Esse é, sem dúvida, um enunciado enigmático, que contém as chaves do direito cosmopolita em seu conjunto, como propõe Kant. Em que consiste esta hospitalidade universal?

Para situar a questão, convém lembrar que foram propostas pelo menos duas interpretações do cosmopolitismo kantiano, as quais

---

[247] KANT, Immanuel. *À Paz perpétua*. Covilhã: Universidade da Beira Interior, 2008, p. 27.

CAPÍTULO VIII - HOSPITALIDADE COSMOPOLITA

continuamos a enfrentar hoje em dia.[248] De acordo com a primeira, a situação cosmopolita será alcançada quando todos os Estados se republicanizarem e unirem suas vontades em uma Sociedade das Nações, atendendo ao segundo artigo de *À Paz perpétua*. A segunda interpretação concebe a sociedade cosmopolita como um Estado mundial. Essa seria o resultado do desenvolvimento de um Direito Cosmopolita, que está inserido na Doutrina do Direito da *Metafísica dos costumes*, encarregado de reconhecer ao homem a condição de cidadão do mundo.

Esta segunda hipótese encontra apoio nos textos kantianos de 1793, 1795 e também em *A Crítica do juízo*, no parágrafo oitenta e três, em que se diz que o fim da cultura é a formação de um "todo cosmopolita". Entretanto, essa segunda hipótese não parece muito plausível, precisamente porque o que o Direito Cosmopolita fala não é em um Estado mundial em que todos os seres humanos se saibam e se sintam cidadãos, mas, sim, no direito dos cidadãos a serem tratados com hospitalidade quando vão em paz para outras terras e no dever dos nativos dessas terras de não rejeitá-los, desde que certas condições sejam cumpridas.[249] Isso por si só nos leva a supor que os países são diferentes e que não existe um Estado mundial.

Justamente a sociedade cosmopolita que se pretende construir terá a hospitalidade universal como ponto central. Sobre seu significado, o próprio Kant dará algumas chaves para a interpretação, no seguinte sentido.

Falamos do *direito* de quem vai a uma terra estrangeira precisamente porque se trata de desenhar os traços de um Direito Cosmopolita, e não

---

[248] HABERMAS, Jürgen. "La idea kantiana de la paz perpetua. Desde la distancia histórica de 200 años". *In: La inclusión del otro*. Barcelona: Paidós, 1999, pp. 147-188; RENAUT, Alain; SAVIDAN, Patrick. "Les lumières critiques: Rousseau, Kant et Fichte". *In:* RENAUT, Alain (dir.). *Histoire de la philosophie politique*. Paris: Calmann-Lévy, III, 1999, pp. 189-192; CORTINA, Adela. "El derecho a la guerra y la obligación de la paz". *In:* VÁZQUEZ, Manuel; DE LA CALLE, Román (eds.). *Filosofía y razón: Kant, 200 años*. Valencia: Universidad de Valencia, 2005, pp. 25-44.

[249] RENAUT, Alain; SAVIDAN, Patrick. "Les lumières critiques: Rousseau, Kant et Fichte". *In:* RENAUT, Alain (dir.). *Histoire de la philosophie politique*. Paris: Calmann-Lévy, III, 1999, pp. 189-192.

de propor sugestões filantrópicas. É justamente o direito de quem chega a um país estrangeiro ser tratado com hospitalidade, ou seja, a não ser tratado com hostilidade pelo fato de ter chegado a um território alheio. Isso significa, evidentemente, que ainda existem Estados diferentes e que há uma diferença entre os direitos dos nativos e os dos estrangeiros, mas também é verdade que o estrangeiro tem o direito de não ser tratado com hostilidade, desde que se comporte amistosamente e esteja disposto a respeitar as condições do país em que chegou.

É difícil não voltar para o nosso tempo e afirmar que os refugiados e os imigrantes têm o direito de serem recebidos com hospitalidade e que aqueles que vivem nos países de chegada não têm o direito de rejeitá-los com hostilidade. Assim, se parece confirmar um ponto muito importante: o habitante de um país pode rejeitar o estrangeiro, se isso puder ser feito sem sua ruína.

Mas e se a rejeição acarretar sua desgraça ou sua morte? A resposta não aparece, porque a adaptação que fizemos não é adequada: no final do século XVIII, não estavam chegando a Königsberg, a pátria de Kant, e nem ao resto da Europa uma grande quantidade de imigrantes lutando para sobreviver. Kant está pensando nos conquistadores que chegam a países estranhos para comercializar, mas também para colonizar. Por isso, diz que eles têm um *direito de visita,* mas não um *direito de hóspede.* Essa diferença é crucial e, a meu ver, nem sempre foi bem entendida.

O direito de visita "é o direito de se apresentar à sociedade que todos os homens têm" e que se baseia em duas razões de envergaduras muito diferentes: 1) O direito de propriedade comum da superfície da Terra, ninguém tendo originalmente mais direito do que o outro de estar em determinado lugar da terra.[250] 2) O fato de que os homens não podem se estender ao infinito pela superfície da Terra, por se tratar de uma superfície esférica, devendo suportar uns aos outros.[251]

---

[250] KANT, Immanuel. *À Paz perpétua.* Covilhã: Universidade da Beira Interior, 2008, p. 27; KANT, Immanuel. *A Metafísica dos costumes.* Bauru: Edipro, 2003, p. 78.
[251] KANT, Immanuel. *À Paz perpétua.* Covilhã: Universidade da Beira Interior, 2008, p. 27.

CAPÍTULO VIII - HOSPITALIDADE COSMOPOLITA

A segunda razão na verdade depende da primeira. Se existe uma posse originária comum da Terra e ninguém tem mais direito do que outro de estar em um lugar, então alguém que está em más condições de vida no lugar em que vive ou que deseja prosperar em outros lugares pode se apresentar neles. Pode tentar encontrar terras desabitadas, mas, dada a finitude da Terra, é natural que encontre habitantes, os quais, por sua vez, não deveriam tratá-lo com hostilidade, se comparece de forma amistosa, porque originariamente é tão dono quanto os outros.

O local de nascimento de cada pessoa é contingente; portanto, qualquer pessoa tem o direito de se apresentar em outro lugar distinto que não o de nascimento. É uma afirmação que Kant irá reforçar na *Metafísica dos costumes*, ao assegurar que: "Todos os homens estão originalmente (isto é, antes de qualquer ato jurídico de vontade) em legítima posse do solo, ou seja, têm o direito de existir onde a natureza ou o acaso os colocou (fora de sua vontade)".[252]

Há, pois um direito natural: o direito de toda a espécie humana de se apossar de um lugar na superfície esférica e não infinita da Terra. Na antiga tradição jusnaturalista, a propriedade comum da Terra é um presente de Deus. Este pressuposto do direito de uma propriedade originária comum da Terra pode ser tomado como um fio condutor para reconstruir a Doutrina de Direito em seu conjunto, seguindo o percurso que a Natureza ou a Providência foram marcando até o Direito Político, o Direito das Gentes e o Cosmopolita.[253] Tudo isso, unido ao reconhecimento da dignidade das pessoas, é algo imprescindível para uma sociedade hospitaleira. Por que há então direito de visita, mas não de hóspede?

O direito de hóspede exige um contrato em que o estrangeiro tenha o direito de se estabelecer na nova terra por um período. Mas, na realidade, no século XVIII, essa limitação do direito de residir em outra

---

[252] KANT, Immanuel. *A Metafísica dos costumes*. Bauru: Edipro, 2003, p. 78.
[253] BERTOMEU, Maria Julia. "De la apropiación privada a la adquisición común originaria del suelo: un cambio metodológico 'menor' con consecuencias políticas revolucionarias". *Isegoría*, 2004, pp. 127-134.

terra em que se tenha firmado um contrato é uma defesa dos mais fracos e vulneráveis: o que está se limitando é o direito dos colonizadores de ocupar outras terras, estabelecendo-se que o máximo jurídico que poderia ser reconhecido aos europeus é o direito de visita, e que nações pobres são aquelas que estão autorizadas a permitir sua visita.[254]

A proposta kantiana de hospitalidade é um grande avanço porque destaca o direito de visita de quem chega a outro país, o que implica não ser tratado com hostilidade e abre o caminho para uma comunidade universal. Como ele mesmo afirma, com tratamento amistoso, "partes distantes do mundo podem estabelecer relações pacíficas, relações que acabarão por se tornar jurídicas e públicas, podendo assim aproximar o gênero humano de uma constituição cosmopolita".[255]

Essa constituição cosmopolita não é um sonho irrealizável, não é "uma interpretação fantasiosa ou extravagante". Por um lado, porque já se avançou no estabelecimento de uma comunidade entre os povos da Terra, de forma que a violação do direito em um ponto do planeta repercute em todos os outros. Um Direito Cosmopolita é necessário para conformar o código não escrito de um Direito Público da humanidade, que complementaria o Direito Político e o Direito das Gentes e constituiria uma condição para a aproximação de uma paz perpétua.

Evidentemente, um grande número de perguntas pode ser feito sobre esse desenho do direito da hospitalidade e, além disso, se deve ser aplicável ao século XXI. Kant deveria ter fundamentado o direito de ser acolhido em caso de necessidade em pelo menos duas afirmações: a defesa da dignidade das pessoas e a posse originária do solo. Mas, como Vlachos bem disse, o pragmatismo muitas vezes leva a restringir o impulso

---

[254] KANT, Immanuel. *À Paz perpétua*. Covilhã: Universidade da Beira Interior, 2008, p. 28; KANT, Immanuel. *A Metafísica dos costumes*. Bauru: Edipro, 2003, p. 193; RENAUT, Alain; SAVIDAN, Patrick. "Les lumières critiques: Rousseau, Kant et Fichte". *In:* RENAUT, Alain (dir.). *Histoire de la philosophie politique*. Paris: Calmann-Lévy, III, 1999, p. 197.

[255] KANT, Immanuel. *À Paz perpétua*. Covilhã: Universidade da Beira Interior, 2008, p. 28.

CAPÍTULO VIII - HOSPITALIDADE COSMOPOLITA

exigente da ética na política.[256] Por outro lado, a experiência do fracasso sofrido por associações como a Assembleia dos Estados Gerais, em Haia, deixa-lhe sempre entre a possibilidade de uma federação de nações, altamente improvável, e o sonho de um Estado mundial, o qual, na opinião de Kant, só poderia ser despótico. Em todo caso, enquanto continuarmos a ter distintos Estados, estes devem proteger seus cidadãos e ao mesmo tempo permitir a visita de quem vem de fora pacificamente, sobretudo, se a rejeição de alguém que vem de fora causa sua ruína.

Entretanto, entender que o Estado limita enormemente as possibilidades da hospitalidade incondicional, que se apresenta como uma exigência ética, é a chave para outras propostas do século XX, como a de Lévinas e Derrida. Segundo elas, diante das proclamações individualistas de um neoliberalismo equivocado, a característica básica do ser humano é a abertura ao outro, do que se conclui a exigência incondicional de acolher quem precisa de ajuda. A lei da hospitalidade, incondicional e infinita, transcende os acordos e os contratos e exige a abertura do lar político a quem precisa. As exigências éticas precedem as obrigações e os direitos jurídicos.

5. Acolhimento: uma exigência ética incondicionada

Embora Lévinas não cite habitualmente o termo "hospitalidade", é a sua ideia de abertura ao outro, de acolhimento, o que inspirou outros autores a se referirem a ela.[257] Esta abertura, segundo Lévinas, não é o acolhimento do estrangeiro no lar ou na própria nação ou cidade, mas, antes, abertura ao outro, ao que nos constitui, acolhendo a alteridade do outro. A abertura ao outro é a primeira coisa, por isso a rejeição consiste em fechar as portas, porque na realidade existia um vínculo desde o início, sou refém do outro.[258]

---

[256] VLACHOS, Georges. *La pensée politique de Kant:* Métaphysique de l'ordre et dialectique du progrès. Paris: Presses Universitaires de France, 1962, pp. 284 e 285.

[257] LÉVINAS, Emmanuel. *Totalidad e infinito*. Salamanca: Sígueme, 1977; e LÉVINAS, Emmanuel. *Ética e infinito*. Madrid: Visor, 1991.

[258] DERRIDA, Jacques. Entrevista en Staccato, 19-XII, 1997. *¡Palabra! Instantáneas Filosóficas*. Madrid: Trotta, 2001, pp. 49-56.

Lévinas abandona a tradição ocidental, essa tradição em que a totalidade prevalece sobre o indivíduo, e volta à tradição hebraica, na qual o Absoluto (Javé) se apresenta através do rosto do outro, exigindo que se assuma a responsabilidade por ele. A civilização europeia, na opinião de Lévinas, abriu uma cisão entre nós e os outros desde a própria constituição das cidades, uma cisão que gerou excluídos. O Ocidente, da segurança do *oikós*, da casa, quer construir tudo, está comprometido com o sedentarismo, tem pavor da peregrinação e do nomadismo. Em sentido contrário, Lévinas quer destacar o primado do humano: o homem é antes de tudo um estar com os outros, com os outros com quem se relaciona e perante os quais tem responsabilidade; a responsabilidade pelo outro é a própria estrutura que o constitui como sujeito. A responsabilidade não é um simples atributo da subjetividade, como se já existisse em si mesma, mas é, antes, uma relação ética;[259] não é um "para si", mas um "para o outro". Essa seria a base definitiva de uma filosofia da hospitalidade, de acolher e de ser acolhido.[260]

Assim, todos os tipos de totalidade e totalização estão subordinados a um critério superior que não é a humanidade, mas o rosto do outro e seu discurso, que rompe o absolutismo da totalidade. A pessoa não é apenas um exemplo da lei que deve ser respeitada, senão que o respeito é uma resposta ao rosto do outro. Em todo o caso, tanto Kant como Lévinas querem construir uma paz universal, o horizonte de ambos é a paz universal.

Derrida está situado em uma linha muito semelhante, analisando a ética e a política da hospitalidade desde a abertura e o acolhimento como a chave de qualquer ação subsequente.[261] Derrida prolongará a tradição cosmopolita, que começa com Sócrates e culmina em Kant e

---

[259] LÉVINAS, Emmanuel. *Ética e infinito*. Madrid: Visor, 1991, p. 90.
[260] SÁNCHEZ MECA, Diego. "Com-padecer/sim-patizar: hacia una filosofía de la hospitalidade". *In:* GONZÁLEZ, Moisés (ed.). *Filosofía y dolor*. Madrid: Tecnos, 2006, p. 488.
[261] DERRIDA, Jacques; DUFOURMANTELLE, Anne. *La hospitalidad*. Buenos Aires: Ediciones de la Flor, 2000.

CAPÍTULO VIII - HOSPITALIDADE COSMOPOLITA

se baseia na hospitalidade para com o estrangeiro. Mas a hospitalidade agora também significará atenção e acolhimento, dizendo "sim" ao outro.

Ocorre que a lei da hospitalidade, a ética, é infinita e incondicionada, ela rompe com os pactos de hospitalidade, rompe com a lei e exige a abertura do lar, é a que deve nortear as ações. No entanto, para não permanecer em uma utopia, ela precisa se encarnar em um direito, que está necessariamente condicionado à tradição do que Kant denomina por condições de hospitalidade universal no direito cosmopolita, em vista da paz perpétua.[262] O direito de hospitalidade limita a hospitalidade absoluta.

Na realidade, a hospitalidade incondicionada necessita se concretizar em leis para não ser uma mera utopia, mas é ela que dá sentido às leis condicionadas. Por isso, a responsabilidade política consiste em inventar o acontecimento que medeie essas duas hospitalidades, em estabelecer as condições, como é próprio do imperativo da responsabilidade, sem o qual o princípio se torna utopia. A invenção e a responsabilidade política consistem em encontrar a legislação que faça menos mal possível.

6. O urgente e o importante

Efetivamente, para não se tornar uma utopia, essa exigência deve estar consagrada em leis e esse é o momento da responsabilidade ética e política que medeia entre o princípio ético da hospitalidade compassiva e as condições que a concretizam nos países, nas uniões supranacionais e no marco global.[263] Tanto no plano do urgente quanto no do requer mais tempo, mas é igualmente necessário.

Num primeiro nível, no das *políticas de acolhimento e integração*, a exigência de hospitalidade deve presidir a assunção por parte da Espanha

---

[262] BISET, Emmanuel. "Jacques Derrida, entre violencia y hospitalidad". *Daimon*, n. 40, 2007, p. 256.
[263] CORTINA, Adela. "Hospitalidad cosmopolita", *El País*, 5 dez. 2015; CORTINA, Adela; TORREBLANCA, José Ignacio. "Décalogo para la crisis de los refugiados", *El País*, 10 mar. 2016.

de um grande número de refugiados políticos, aceitando as quotas atribuídas pela União Europeia e levando em conta variáveis, como o tamanho, a população, os pedidos, a taxa de desemprego, recorrendo a impostos proporcionais, bem como defendendo, no Parlamento Europeu, que todos os membros da União assumam as suas responsabilidades, um assunto que é cada vez mais complexo. Salvar vidas é um princípio orientador indispensável, mas também é o processo de integração de quem chega, para que não acabe se reduzindo a internamentos no CIE ou no abandono à própria sorte.

Empreender estratégias contra o tráfico de imigrantes, que já estão em andamento, mas que é necessário fortalecer, por meio de reforços judiciais e policiais, o intercâmbio de informações, a prevenção do tráfico de pessoas, uma maior cooperação com países terceiros. Regularizar a possibilidade de imigração é necessário, pois hoje em dia é extremamente difícil migrar legalmente. É necessário potencializar mecanismos ágeis para que os países de chegada possam registrar adequadamente os que demandam asilo e garantir o retorno digno dos rejeitados.

Em relação ao acolhimento de imigrantes, é ultrajante que as organizações cidadãs que tentam hospedar pessoas deslocadas encontrem travas por parte da Administração. O exercício da virtude pessoal da hospitalidade não pode ser proibido.

Assumir um maior compromisso econômico no acolhimento de imigrantes e refugiados, tanto no que diz respeito à União Europeia como à Espanha, é uma necessidade primordial, via impostos ou outros procedimentos. A solidariedade requer colaboração econômica.

Em um segundo nível, de longo prazo, a União Europeia deveria se envolver na tarefa de construção da paz nos locais de origem por todos os meios necessários, por exemplo, em países como a Síria, onde mais da metade dos habitantes foram obrigados a se mudar e mais de duzentos e cinquenta mil morreram. Apesar das dificuldades da União terem aumentado nos últimos tempos e de que a vitória de Trump pareça dificultar ainda mais o processo, a construção da paz é um desafio incontornável, para o qual é necessário contar com as Nações Unidas.

CAPÍTULO VIII - HOSPITALIDADE COSMOPOLITA

Ao mesmo tempo, é imprescindível construir uma sociedade cosmopolita, promovendo a Agenda 2030 das Nações Unidas, seja a partir da governança global, de um Estado mundial democrático ou de uma federação de Estados, mas tendo como ponto central essa hospitalidade universal, que faria do mundo um lar para todos os seres humanos como uma obrigação de justiça.

7. Hospitalidade cosmopolita: justiça e compaixão

Entretanto, voltando à proposta de Lévinas de uma ética incondicionada do acolhimento do outro, mediada pelas condições que a viabilizam, convém pontuar seu ataque à civilização ocidental e a crítica que lança por compreender que a construção da casa e o sedentarismo têm sido a chave para a distinção entre o "nós" e o "eles". Pelo contrário, como vimos nos capítulos anteriores, a formação de pequenos grupos de caçadores-coletores, que se esforçam em proteger o "nós" do grupo contra o "eles", contra os estranhos, é muito anterior à cultura grega do *oikós*, da casa, e foi incorporada ao cérebro muito antes do surgimento da civilização ocidental. É um código de conduta biocultural que não é culpa de uma ou outra civilização de forma simplista, mas que nasce com o *homo sapiens*.

Os homens nasceram em relação, não como indivíduos isolados, nasceram vinculados, não como átomos fechados em si mesmos. Mas sobreviveram por sua solidariedade com os próximos e por sua defesa contra os estranhos: essa foi a chave do cérebro xenófobo. Paulatinamente, eles foram praticando a cooperação e a troca recíproca com aqueles que poderiam oferecer algo em troca, formando o "nós" do benefício mútuo, que exclui os *áporoi*, os que não parecem aportar vantagens no jogo da troca: essa seria a raiz do cérebro aporófobo, a raiz da aporofobia. Ainda que o ambiente atual tenha mudado substancialmente em comparação com as sociedades originárias, a espécie humana permaneceu essencialmente a mesma, biológica e geneticamente, durante os últimos quarenta mil anos: continuamos com a moral dos grupos de benefício mútuo. O progresso moral não é herdado, mas cada pessoa deve fazer seu aprendizado vital, em conexão com aqueles que a ajudam a viver sua vida.

Contudo felizmente, o cérebro é altamente plástico e permite cultivar a abertura ao outro, a qualquer outro, a partir do reconhecimento compassivo, que é a chave de uma hospitalidade universal.

Não se trata apenas de afirmar o direito de todos os seres humanos de visitar todos os lugares da Terra, dado que possuem esses lugares originariamente e que ninguém tem um direito maior que outra pessoa a residir em uma parte da Terra, como vimos no parágrafo treze da *Metafísica dos costumes*. Não se trata também, continuando com Kant, de defender os direitos dos povos vulneráveis a não serem invadidos. Tampouco se limita a afirmar a abertura de quem se sente comovido pelo rosto do outro, como se fosse o outro quem toma a iniciativa.

A exigência ética incondicionada surge do reconhecimento da dignidade alheia e própria, do respeito por quem tem dignidade e não um simples preço. Mas surge também da solidariedade com aqueles que estão em uma situação especialmente vulnerável. É verdade que todas as pessoas são vulneráveis, mas em diferentes momentos e lugares algumas precisam de mais ajuda do que outras para manter a vida, uma vida boa.[264] Nesses casos, não há outra resposta ética e política à altura humana do que a exigência da hospitalidade universal, que orienta a construção, sempre condicionada, das instituições jurídicas e políticas.

Ainda mais se esse reconhecimento não for apenas o da dignidade, a que todo ser humano tem direito pelo seu valor interno, incluindo a solidariedade de quem dela necessita, mas também o reconhecimento cordial de que as nossas vidas estão originariamente vinculadas e, por isso, é importante vivê-las com compaixão.[265]

Uma ética da corresponsabilidade exige a gestão das atuais condições jurídicas e políticas a partir do reconhecimento compassivo, orientando a construção de uma sociedade cosmopolita, sem exclusões.

---

[264] CORTINA, Adela; CONILL, Jesús. "Ethics of vulnerability". *In:* MASFERRER, Aniceto; GARCÍA-SÁNCHEZ, Emilio (eds.). *Human dignity of the vulnerable*. Switzerland: Springer International Publishing AG, 2016, pp. 45-62.

[265] CORTINA, Adela. *Ética de la razón cordial*. Oviedo: Nobel, 2007.

CAPÍTULO VIII - HOSPITALIDADE COSMOPOLITA

Esse é um objetivo incontornável da educação, que deve começar na família e na escola e continuar nas diferentes áreas da vida pública.

A meu ver, uma educação à altura do século XXI tem a tarefa de formar pessoas de seu tempo, de seu lugar concreto e abertas ao mundo. Sensíveis aos grandes desafios, entre os quais, atualmente, o sofrimento de quem se refugia na Europa, que já no século XVIII reconheceu o dever que todos os países têm de oferecer hospitalidade aos que chegam às suas terras, o drama da pobreza extrema, a fome e a falta de defesa dos vulneráveis, as milhões de mortes prematuras e de doenças sem cuidado. Educar para o nosso tempo exige formar cidadãos compassivos, capazes de assumir a perspectiva dos que sofrem, mas, sobretudo, de se comprometerem com eles.

REFERÊNCIAS BIBLIOGRÁFICAS

AGAR, Nicholas. "Liberal eugenics". *In:* JUSE, Helga; SINGER, Peter (eds.). *Bioethics:* an anthology. Oxford: Blackwell, 1999.

ALEXANDER, Richard D. *The Biology of moral systems*. New York: Aldine de Gruyter, 1987.

AMOR PAN, José Ramón. *Bioética y neurociencias*. Barcelona: Institut Borja de Bioètica/Universitat Ramon Llull, 2015.

ANSOTEGUI, Carmen; GÓMEZ-BEZARES, Fernando; GONZÁLEZ FABRE, Raúl. *Ética de las finanzas*. Bilbao: Desclée de Brouwer, 2014.

APEL, Karl-Otto. *Transformação da Filosofia*. São Paulo: Edições Loyola, 2000.

ARANGUREN, José Luis. "Ética". *In: Obras Completas, II*. Madrid: Trotta, 1994.

ARISTÓTELES. *Retórica*. Lisboa: Imprensa Nacional, 2005.

_____. *Política*. Brasília: Editora UNB, 1985.

AUDI, Robert. *La percepción moral*. Madrid: Avarigani, 2015.

AUSTIN, John. *Quando dizer é fazer:* palavras e ação. Porto Alegre: Artes Médicas, 1990.

AXELROD, Robert. *A Evolução da cooperação*. São Paulo: Leopardo, 2010.

BARBER, Benjamin. *Democracia fuerte:* política participativa para una nueva época. Granada: Almuzara, 2004.

BERGSON, Henri. *As duas fontes da moral e da religião*. Coimbra: Almeida, 2005.

BERTOMEU, Maria Julia. "De la apropiación privada a la adquisición común originaria del suelo: un cambio metodológico 'menor' con consecuencias políticas revolucionarias". *Isegoría*, 2004.

BÍBLIA. São Paulo: Sociedade Bíblica de Aparecida, 2008.

BISET, Emmanuel. "Jacques Derrida, entre violencia y hospitalidade". *Daimon*, n. 40, 2007.

BLANCO, Carlos. *Historia de la neurociencia*. Madrid: Biblioteca Nueva, 2014.

BOEHM, Christophe. *Moral origins*. New York: Basic Books, 2012.

BOSTROM, Nick. "A History of transhumanist thought". *Journal of Evolution and Technology*, Hartford, vol. 14, n. 1, 2005.

BUCHANAN, Allen. *Beyond humanity?* Oxford: Oxford University Press, 2011.

CARRILLO DONAIRE, Juan Antonio. "Libertad de expresión y 'discurso del odio' religioso: la construcción de la tolerancia en la era postsecular". *Revista de Fomento Social*, Andalucía, vol. 70, n. 278, 2015.

CELA, Camilo J.; AYALA, Francisco. *Senderos de la evolución humana*. Madrid: Alianza, 2001.

CHAKRABORTI, Neil. "Hate crime victimisation". *International Review of Victimology*, Newbury Park, n. 12, 2011.

CHANGEUX, Jean-Pierre. *Sobre lo verdadero, lo bello y el bien*. Madrid: Katz Editores, 2010.

_____. *Neuronal man*. New York: Pantheon Books, 1985.

CHOUDURY, S. *et al.* "Critical neuroscience: linking neuroscience and society through critical practice". *BioSocieties*, Cambridge, 4.1, 2009.

CHURCHLAND, Patricia S. *Braintrust*. Princeton: Princeton University Press, 2011.

CONSTANT, Benjamin. *A liberdade dos antigos comparada à dos modernos*. São Paulo: Edipro, 2019.

CODINA, Maria José. *Neuroeducación en virtudes cordiales:* cómo reconciliar lo que decimos con lo que hacemos. Barcelona: Octaedro, 2015.

CONILL, Jesús. "Neuroeconomía". *In*: CORTINA, Adela (coord.). *Guía Comares de neurofilosofía práctica*. Granada: Comares, 2012.

REFERÊNCIAS BIBLIOGRÁFICAS

_____. "Neuroeconomía y Neuromarketing: ¿más allá de la racionalidad maximizadora?". *In*: CORTINA, Adela (coord.). *Guía Comares de neurofilosofía práctica*. Granada: Comares, 2012.

_____. "La voz de la consciencia: la conexión noológica de moralidad y religiosidad en Zubiri". *Isegoría*, Madrid, n. 40, 2009.

_____."Por una economía hermenéutica de la pobreza". *In*: CORTINA, Adela; PEREIRA, Gustavo (eds.). *Pobreza y libertad:* erradicar la pobreza desde el enfoque de las capacidades de Amartya Sen. Madrid: Tecnos, 2009.

_____.*Ética hermenêutica*. Madrid: Tecnos, 2006.

_____. *Horizontes de economía ética*. Madrid: Tecnos, 2004.

CONILL, Jesús; GOZÁLVES, Vicent. *Ética de los médios*. Barcelona: Gedisa, 2004.

CORTINA, Adela. "Hospitalidad cosmopolita", *El País*, 5 de dezembro de 2015.

_____. *Para qué sirve realmente la ética?* Barcelona: Paidós, 2013.

_____. (coord.). *Guía Comares de neurofilosofía práctica*. Granada: Comares, 2012.

_____. *Neuroética y neuropolítica:* sugerencias para la educación moral. Madrid: Tecnos, 2011.

_____. *Ética de la razón cordial*. Oviedo: Nobel, 2007.

_____. "El derecho a la guerra y la obligación de la paz". *In:* VÁZQUEZ, Manuel; DE LA CALLE, Román (eds.). *Filosofía y razón:* Kant, 200 años. Valencia: Universidad de Valencia, 2005.

_____. *Por una ética del consumo:* la ciudadanía del consumidor en un mundo global. Madrid: Taurus, 2002.

_____. *Ética mínima:* introducción a la filosofía práctica. Madrid: Tecnos, 2001.

_____. *Alianza y contrato:* ética, política y religión. Madrid: Trotta, 2001b.

_____. "Mujer, economía familiar y Estado del Bienestar". *In:* TEJEIRO, José Barea. *Dimensiones económicas y sociales de la família*. Madrid: Fundación Argentaria, 2000.

_____. *Ciudadanos del mundo:* hacia una teoría de la ciudadanía. Madrid: Alianza, 1997.

_____. *Ética aplicada y democracia radical*. Madrid: Tecnos, 1993.

_____. *"Estudio Preliminar" a Immanuel Kant:* la Metafísica de las Costumbres. Madrid: Tecnos, XV-XCI, 1989.

CORTINA, Adela; CONILL, Jesús. "Ethics of vulnerability". *In*: MASFERRER, Aniceto; GARCÍASÁNCHEZ, Emilio (eds.). *Human dignity of the vulnerable*. Switzerland: Springer International Publishing AG, 2016.

CORTINA, Adela; GARCÍA-MARZÁ, Domingo (eds.). *Razón pública y éticas aplicadas:* los caminos de la razón práctica en una sociedad pluralista. Madrid: Tecnos, 2003.

CORTINA, Adela; PEREIRA, Gustavo (eds.). *Pobreza y libertad:* erradicar la pobreza desde el enfoque de las capacidades de Amartya Sen. Madrid: Tecnos, 2009.

CORTINA, Adela; TORREBLANCA, José Ignacio. "Décalogo para la crisis de los refugiados", *El País*, 10 de março de 2016.

CROCKER, David A. *Ethics of global development: agency, capability and deliberative democracy*. Cambridge: Cambridge University Press, 2008.

DAMÁSIO, António. *Em busca de Espinosa:* prazer e dor na ciência dos sentimentos. São Paulo: Companhia das Letras, 2004

DARWIN, Charles. *A Origem do homem e a seleção sexual*. São Paulo: Hemus Livraria Editora, 1974.

DERRIDA, Jacques. Entrevista en Staccato, 19-XII, 1997. *¡Palabra! Instantáneas Filosóficas*. Madrid: Trotta, 2001.

DERRIDA, Jacques; DUFOURMANTELLE, Anne. *La hospitalidade*. Buenos Aires: Ediciones de la Flor, 2000.

DOUGLAS, Thomas. "Moral Enhancement". *Journal of Applied Philosophy*, Reino Unido, vol. 25, n. 3, 2008.

DRÈZE, Jean; SEM, Amartya. *Hunger and public action*. Oxford: Oxford University Press, 1989.

EAGLEMAN, David. *Incógnito:* as vidas secretas do cérebro. Rio de Janeiro: Rocco, 2012.

EDELMAN, Gerald M. *Bright air, brilliant fire:* on the matter of the mind. New York: Basic Books, 1992.

REFERÊNCIAS BIBLIOGRÁFICAS

EDELMAN, Gerald M.; TONONI, Giulio. *El universo de la consciência*. Barcelona: Crítica, 2002.

ENGELMANN, D.; FISCHBACHER, U. "Indirect reciprocity and strategic reputation building in an experimental helping game". *Games and Economic Behavior*, n. 67, 2009.

ESCUDERO, Manuel. *Homo globalis*. Madrid: Espasa, 2005.

EVERS, Kathinka. "Can we be epigenetically proactive?" *In:* METZINGER, T.; WINDT, J.M. (eds.). *Open Mind: 13* (T). Frankfurt: MIND Group, 2015.

_____. *Neuroética*. Buenos Aires: Katz, 2010.

FEHR, Ernst; SCHNEIDER, Frédéric. "Eyes are on us, but nobody cares: are eye cues relevant for strong reciprocity?" *Proceedings of the Royal Society*, n. 277, 2010.

FOUGERET DE MONBRON, Louis-Charles. *Le cosmopolitisme ou le citoyen du monde, suivi de la capitale des Gaules ou la nouvelle Babylone*. Paris: Ducros, 1970.

FRANCISCO. *Encíclica Laudato Si':* sobre o cuidado da casa comum, 2015.

FUENTES, Carlos. *Las buenas conciencias*. México: Alfaguara, 2003.

FUSTER, Joaquín M. *Cerebro y libertad*. Barcelona: Ariel, 2014.

GARCÍA DELGADO, José Luis; TRIGUERO, Ángela; JIMÉNEZ, Juan Carlos. "El emprendedor social como punto de encuentro entre el tercer sector y la sociedad civil". *Mediterráneo Económico*, n. 26, 2014.

GARCIA MARQUEZ, Gabriel. *Cem anos de solidão*. 48ª ed. Rio de Janeiro: Ed. Record, 2018.

GARCÍA-MARZÁ, Domingo. "Neuropolítica: una mirada crítica sobre el poder". *In:* CORTINA, Adela (coord.). *Guía Comares de neurofilosofía práctica*. Granada: Comares, 2012.

_____. "¿Agentes de justicia? La responsabilidad social de las empresas como factor de desarrollo". *In:* CORTINA, Adela; PEREIRA, Gustavo (eds.). *Pobreza y libertad:* erradicar la pobreza desde el enfoque de las capacidades de Amartya Sen. Madrid: Tecnos, 2009.

_____. *Ética empresarial:* del diálogo a la confianza. Madrid: Trotta, 2004.

GARCÍA-ROCA, Joaquín. *Cristianismo:* nuevos horizontes, viejas fronteras. Valencia: Diálogo, 2016.

_____. *Exclusión social y contracultura de la solidaridad*. Madrid: Ediciones HOAC, 1998.

GAZZANIGA, Michael S. *El cerebro ético*. Barcelona: Paidós, 2006.

GINTIS, H. "The hitchhiker's guide to altruism: Gene-culture coevolution and the internalization of norms". *Journal of Theoretical Biology*, Amsterdam, n. 220, 2003.

GLUCKSMANN, André. *O discurso do ódio*. Algés: Difel, 2007.

GÓMEZ, Carlos. "Conciencia". *In:* CORTINA, Adela (coord.). *Diez palabras clave en ética*. Estella: Verbo Divino, 1998.

GÓMEZ-BEZARES, Fernando. *Ética, economía y finanzas*. Logroño: Gobierno de La Rioja, 2001.

GRACIA, Diego. *Fundamentos de Bioética*. Madrid: EUDEMA, 1989.

GREENE, Joshua D. "Del 'es' neuronal al 'debe' moral: ¿cuáles son las implicaciones morales de la psicología moral neurocientífica?" *In:* CORTINA, Adela (coord.). *Guía Comares de neurofilosofía práctica*. Granada: Comares, 2012.

HABERMAS, Jürgen. *O Futuro da natureza humana:* a caminho de uma eugenia liberal? São Paulo: Martins Fontes, 2004.

_____. "La idea kantiana de la paz perpetua. Desde la distancia histórica de 200 años". *In: La inclusión del otro*. Barcelona: Paidós, 1999.

_____. *Consciência moral e agir comunicativo*. Rio de Janeiro: Tempo Brasileiro, 1989.

_____. *Perfiles filosófico-políticos*. Madrid: Taurus, 1975.

HAIDT, Jonathan. A *Mente moralista:* por que pessoas boas se separam por causa da política e da religião. São Paulo: Antonio Kuntz, 2013.

_____. "El perro emocional y su cola racional". *In:* CORTINA, Adela (coord.). *Guía Comares de neurofilosofía práctica*. Granada: Comares, 2012.

HAMILTON, W. D. "The evolution of altruistic behavior". *American Naturalist*, Chicago, n. 97, 1964.

_____. "The genetical evolution of social behavior". *Journal of Theoretical Biology*, Amsterdam, n. 7, 1964.

AXELROD, Robert; HAMILTON, William D. "The Evolution of Cooperation". *Science*, Washington, n. 211, 1981.

REFERÊNCIAS BIBLIOGRÁFICAS

HARE, Ivan; WEINSTEIN, James (eds.). *Extreme speech and democracy*. Oxford: Oxford University Press, 2010.

HARRIS, John. "Enhancements are a moral obligation". *In:* SAVULESCU, Julian; BOSTROM, Nick (eds.). *Human Enhancement*. Oxford: Oxford University Press, 2009.

HAUSER, Marc D. *La mente moral:* cómo la naturaleza ha desarrollado nuestro sentido del bien y del mal. Barcelona: Paidós, 2008.

HEGEL, Georg Wilhelm Friedrich. *Princípios da filosofia do direito*. São Paulo: Martins Fontes, 1997.

HILL JR., Thomas E. "Four conceptions of conscience". *In:* SHAPIRO, Ian; ADAMS, Robert. *Integrity and conscience*. New York: New York University Press, 1998.

HOBBES, Thomas. *Leviatã*. São Paulo: Martins Fontes, 2003.

HONNETH, Axel. *Luta por reconhecimento*. São Paulo: Editora 34, 2003.

HUME, David. *Tratado da natureza humana*. São Paulo: Ed. UNESP, 2009.

HUXLEY, Julian. *Religion without revelation*. London, 1927.

IGLESIAS, Enrique. "Estrategia para erradicar la pobreza en el siglo xxi". *In:* IGLESIAS, Enrique *et al*. *La ética en la estrategia empresarial del siglo xxi*. Valencia: Fundación ÉTNOR, 2008.

ITO, A.; FUJII, T.; UENO, A.; KOSEKI, Y.; TASHIRO, M.; MORI, E. "Neural basis of pleasant and unpleasant emotions induced by social reputation ". *CYRIC Annual Report*, 2010-2011.

IZUMA, Keise. "The social neuroscience of reputation". *Neuroscience Research*, Amsterdam, n. 72, 2012.

JACOBONI, Marco. *Las neuronas espejo*. Barcelona: Katz, 2009.

JENSEN, K.; CALL, J.; TOMASELLO, M. "Chimpanzees are rational maximizers in an ultimate game". *Science*, n. 318 (5847), 2007.

JONAS, Hans. *O Princípio da responsabilidade:* ensaio de uma ética para a civilização tecnológica. Rio de Janeiro: Editora PUC Rio, 2006.

JOYCE, Richard. "The origins of moral judgement". *In:* WAAL, Frans B. M. de; CHURCHLAND, Patricia S.; PIEVANI, Telmo; PARMIGIANI,

Stefano (eds.). *Evolved morality:* the biology and philosophy of human conscience. Boston: Brill, 2014.

KAHNEMAN, Daniel. *Thinking, fast and slow.* London: Penguin Books, 2011.

KANT, Immanuel. *À Paz Perpétua.* Covilhã: Universidade da Beira Interior, 2008.

_____. *Fundamentação da Metafísica dos Costumes.* Lisboa: Edições 70, 2007.

_____. *A Metafísica dos costumes.* Bauru: Edipro, 2003.

_____. *Sobre a Pedagogia.* Piracicaba: Editora Unimep, 1999.

_____. *Lecciones de ética.* Barcelona: Crítica, 1988.

KITCHER, Philip. "Is a naturalized ethics possible?". *In:* WAAL, Frans B. M. de; CHURCHLAND, Patricia S.; PIEVANI, Telmo; PARMIGIANI, Stefano (eds.). *Evolved morality:* the biology and philosophy of human conscience. Boston: Brill, 2014.

KOHLBERG, Lawrence. "The future of liberalism as the dominant ideology of the Western World". *In*: *The Philosophy of moral development.* New York: Harper, 1981.

KRAUSE, Sharon R. *Civil Passions:* moral sentiment and democratic deliberation. Princeton: Princeton University Press, 2008.

LAMO DE ESPINOSA, Emilio. "La globalización cultural: ¿crisol, ensalada o gaspacho". *Mediterráneo Económico*, n. 26, 2014.

LÉVINAS, Emmanuel. *Ética e infinito.* Madrid: Visor, 1991.

_____. *Totalidad e infinito.* Salamanca: Sígueme, 1977.

LEVY, Neil. *Neuroethics.* New York: Camdridge University Press, 2007.

LEWONTIN, Richard; ROSE, Steven; KAMIN, Leon. *No está en los genes:* crítica del racismo biológico. Barcelona: Crítica, 1996.

LOEWENSTEIN, Karl. "Militant Democracy and Fundamental Rights". *American Political Science Review*, Washington, vol. 31, n. 3, 1937.

LOZANO, José Félix. *Códigos éticos para el mundo empresarial.* Madrid: Trotta, 2004.

MARCUS, George E. *The sentimental citizen:* emotion in democratic politics. University Park: The Pennsylvania State University, 2002.

MARSHALL, Thomas. *Cidadania, classe social e status.* Rio de Janeiro: Zahar Editores, 1967.

REFERÊNCIAS BIBLIOGRÁFICAS

MARTÍNEZ NAVARRO, Emilio. *Ética para el desarrollo de los pueblos.* Madrid: Trotta, 2000.

MARTÍNEZ-TORRÓN, Javier. "Libertad de expresión y lenguaje ofensivo: algunos criterios prácticos de análisis jurídico". *El Cronista del Estado social y democrático de derecho,* Madrid, n. 60, 2016.

MILTON, John. *Aeropagítica.* Madrid: Tecnos, 2011.

MOLL, Jorge. "The neural basis of human moral cognition". *Nature Reviews Neuroscience,* London, n. 6, 2005.

MOLL, Jorge et al. "The Neural correlates of moral sensitivity: a functional magnetic resonance imaging investigation of basic and moral emotions". *The Journal of Neuroscience,* Oxford, n. 22 (7), 2002.

MORELL, Antonio. *La legitimación social de la pobreza.* Barcelona: Anthropos, 2002.

MORENO, José Ángel. "Semillas de economía alternativa". *In:* CORTINA, Adela (coord.). "La responsabilidad ética de la sociedad civil". *Mediterráneo Económico,* n. 26, 2014.

MORGADO, Ignacio. *Emociones e inteligencia social.* Barcelona: Ariel, 2010.

MORI, Massimo. "Kant and Cosmopolitanism". *In:* PIMENTEL, Manuel Cândido; MORUJÃO, Carlos; SILVA, Miguel Santos (eds.). *Immanuel Kant nos 200 anos da sua morte.* Lisboa: Universidade Catolica Editora, 2006.

MUÑOZ MACHADO, Santiago. *Los itinerarios de la libertad de palavra.* Madrid: Real Academia Española, 2013.

_____. *Sobre la pobreza y el derecho* (Discurso de Investidura como Doutor "Honoris Causa" pela Universidade de Valencia), Valencia, 7 de março de 2013.

NIETZCHE, Friedrich. "Die fröhliche Wissenschaft". *In: Kritische Studien Ausgabe.* Berlín, 1999.

NOVALES, Alfonso. "Austeridad y desigualdad". Intervenção na sessão da RACMYP em 24 de fevereiro de 2015.

NOWAK, M.; SIGMUND, K. "Shrewd investments". *Science,* Washington, vol. 288, n. 5.467, 2000.

NUCCETELLI, Susana; SHEA, Gary (eds.). *Ethical naturalism:* current debates. Cambridge: Cambridge University Press, 2012.

OBSERVATORIO HATENTO. *Muchas preguntas. Algunas respuestas. Los delitos de odio contra las personas sin hogar.* Madrid: RAIS Fundación, 2015. Disponível em: www.hatento.org. Acesso: 15 jun. 2020.

OJAKANGAS, Mika. *The Voice of conscience:* a political genealogy of western ethical experience New York: Bloomsbury, 2013.

OLINTO, P., LARA, G.; SAAVEDRA, J. "Accelerating poverty reduction in a less poor world: the roles of growth and inequality". *Policy Research Working Paper*, n. 6855, The World Bank, Poverty Reduction and Equity Unit, 2014.

ORTEGA, César. "¿Naturalizar la idea de justicia? Una respuesta crítica desde la teoría moral de Jürgen Habermas". *Pensamiento*, Madrid, n. 272, 2016.

OVÍDIO. *Metamorfoses*. São Paulo: Editora 34, 2017.

PIKETTY, Thomas. *O Capital no século XXI.* Rio de Janeiro: Editora Intrínseca, 2014.

PINILLA, Rafael. *Más allá del bienestar:* la renta básica de la ciudadanía como innovación social basada en la evidencia. Barcelona: Icaria, 2006.

_____. *La renta básica de ciudadanía*. Barcelona: Icaria, 2004.

PIRES, María do Céu. *Ética e cidadania: um Diálogo com Adela Cortina.* Lisboa: Colibrí, 2015.

PLATÃO. *A República*. São Paulo: Difusão Européia do Livro, 1965.

POGGE, Thomas. *La pobreza en el mundo y los derechos humanos.* Barcelona: Paidós, 2005.

ROUSSEAU, Jean-Jacques. *Oeuvres completes*. Paris: Gallimard, 1969.

RAVALLION, Martin. *The Economics of poverty:* history, measurement and policy. Oxford: Oxford University Press, 2016.

RAVENTÓS, Daniel. *La renta básica:* por una ciudadanía más libre, más igualitaria y más fraterna. Barcelona: Ariel, 2001.

_____. *El derecho a la existência*. Barcelona: Ariel, 1999.

RAWLS, John. "Retos actuales de la Neuroética: current challenges for neuroethics". *Recerca*, Madrid, n. 13, 2013.

REFERÊNCIAS BIBLIOGRÁFICAS

_____. *Uma Teoria da justiça*. São Paulo: Martins Fontes, 1997.

_____. *O Liberalismo político*. São Paulo: Ed. Ática, 1996.

RENAUT, Alain. *La era del individuo*. Barcelona: Destino, 1993.

RENAUT, Alain; SAVIDAN, Patrick. "Les lumières critiques: Rousseau, Kant et Fichte". *In:* RENAUT, Alain (dir.). *Histoire de la philosophie politique*. Paris: Calmann-Lévy, III, 1999.

REVENGA, Miguel (dir.). *Libertad de expresión y discursos del ódio*. Madrid: Cátedra de Democracia y Derechos Humanos, 2015.

REY, Fernando. "Discurso del odio y racismo líquido". *In:* REVENGA, Miguel (dir.). *Libertad de expresión y discursos del ódio*. Madrid: Cátedra de Democracia y Derechos Humanos, 2015.

RICHART, Andrés. "El origen evolutivo de la agencia moral y sus implicaciones para la ética". *Pensamiento*, Madrid, n. 272, 2016.

RICOEUR, Paul. *Percurso do reconhecimento*. São Paulo: Edições Loyola, 2006.

RIZZOLATTI, Giacomo; CORRADO, Sinigaglia. *Las neuronas espejo*. Barcelona: Paidós, 2006.

RUGGIE, John Gerard. *Just Business:* multinational corporations and Human Rights. New York: W.W. Norton & Company, 2013.

SACHS, Jeffrey. *O fim da pobreza*. São Paulo: Companhia das Letras, 2005.

SAFIRE, William. "Visions for a new field of 'neuroethics'". *In:* MARCUS, S. J. *Neuroethics:* mapping the field. New York: The Dana Press, 2002.

SÁNCHEZ MECA, Diego. "Com-padecer/sim-patizar: hacia una filosofía de la hospitalidade". *In:* GONZÁLEZ, Moisés (ed.). *Filosofía y dolor*. Madrid: Tecnos, 2006.

SANDEL, Michael. *Contra a perfeição*: ética na era da engenharia genética. Rio de Janeiro: Civilização Brasileira, 2015.

SÃO PAULO. Epístola aos Romanos. BÍBLIA. N T. Epístola aos Romanos. *In*: BÍBLIA. Português. Bíblia sagrada: contendo o antigo e o novo testamento. Rio de Janeiro: Sociedade Bíblica do Brasil, 1966.

SAVULESCU, Julian. *¿Decisiones peligrosas?* Una bioética desafiante. Madrid: Tecnos, 2012.

SAVULESCU, Julian; PERSSON, Ingmar. "Moral Enhancement". *Philosophy Now*, jul./ago. 2012.

SEARLE, John. *Actos de habla*. Madrid: Cátedra, 1980.

SECRETARIA DE ESTADO DE SEGURIDAD DEL MINISTERIO DEL INTERIOR. *Informe sobre la evolución de los delitos de odio en España*, 2015.

_____. *Informe sobre la evolución de los delitos de odio en España*, 2014.

SEINEN, I.; SCHRAM A. "Social status and group norms: indirect reciprocity in a repeated helping experiment". *European Economic Review*, n. 50, 2006.

SEN, Amartya. "Elements of a theory of human rights". *Philosophy and Public Affairs*, n. 32/4, 2004.

_____. *Rationality and freedom*. Cambridge: The Belknap Press of Harvard University Press, 2002.

_____. *Desenvolvimento como liberdade*. São Paulo: Companhia das Letras, 2000.

_____. *Commodities and capabilities*. Amsterdam: North-Holland, 1985.

_____. "Rational fools: a critique of the behavioural foundations of economic theory". *Philosophy and Public Affairs*, Princeton, vol. 6, n. 4, 1977.

SÉNECA, Lucio Aneu. *Cartas a Lucílio*. Lisboa: Fundação Calouste Gulbenkian, 2014.

SIMON, Herbert. "A mechanism for social selection and successful altruism". *Science Review,* Washington, n. 250, 1990.

SIURANA, Juan Carlos. *Una brújula para la vida moral*. Granada: Comares, 2003.

SKYRMS, Brian. *Evolution of the social contract*. Cambridge: Cambridge University Press, 1996.

SMITH, Adam. *A Riqueza das nações*. Rio de Janeiro: Nova Fronteira, 2017.

_____. *Teoria dos sentimentos morais*. São Paulo: Martins Fontes, 1999.

STREETEN, Paul *et al*. *First things first:* meeting basic human needs in developing countries. Oxford: Oxford University Press, 1981.

SUHLER, Christopher; CHURCHLAND, Patricia S. "The neurological basis of morality". *In:* ILLES, Judy; SAHAKIAN, Barbara J. (eds.). *The Oxford handbook of neuroethics*. Oxford: Oxford University Press, 2011.

REFERÊNCIAS BIBLIOGRÁFICAS

TAYLOR, Charles. *Multiculturalismo:* examinando a política do reconhecimento. Lisboa: Instituto Piaget, 1994.

TERCEIRO, Jaime. "Desigualdad y economía clientelar". Intervenção na sessão da RACMYP em 21 de junho de 2016.

TOMASELLO, Michael. *¿Por qué cooperamos?* Buenos Aires: Katz, 2010.

TORRALBA, Francesc. *Sobre la hospitalidade.* Madrid: PPC, 2005.

_____. "No olvidéis la hospitalidade". *Una exploración teológica,* PPC, Madrid, 2004.

TORTOSA, José M. "Pobreza". *In:* CONILL, Jesús (coord.). *Glosario para una sociedad intercultural.* Valencia: Bancaja, 2002.

TRIVERS, R. L. "The evolution of reciprocal altruism". *Quarterly Review of Biology*, Chicago, n. 46, 1971.

VAN PARIJS, Philippe. *Libertad real para todos.* Barcelona: Paidós, 1995.

VIVES, Antonio. *La responsabilidad social de las empresas:* enfoques ante la crisis. Madrid: Fundación Carolina, Madrid, 2010.

VIVES, Juan Luis. *Tratado del socorro de los pobres.* Valencia: Pre-textos, 2006.

VLACHOS, Georges. *La pensée politique de Kant:* Métaphysique de l'ordre et dialectique du progrès. Paris: Presses Universitaires de France, 1962.

WAAL, Frans B. M. de; CHURCHLAND, Patricia S.; PIEVANI, Telmo; PARMIGIANI, Stefano (eds.). *Evolved morality:* the biology and philosophy of human conscience. Boston: Brill, 2014.

WALKER, Samuel. *Hate Speech:* the history of an American controversy. Lincoln: University of Nebraska Press, 1994.

WALZER, Michael. *Interpretación y crítica social.* Madrid: Nueva Visión, 1993.

WEDEKIND, C.; MILINSKI, M. "Cooperation through image scoring in humans". *Science*, Washington, n. 288, 2000.

WILSON, J. Q. *The Moral sense.* New York: Free Press, 1993.

ZAMAGNI, Stefano. "El reto de la responsabilidad civil de la empresa". *Mediterráneo Económico*, n. 26, 2014.

ZWEIG, Stefan. *Coração impaciente.* Rio de Janeiro: Livr. Civilização, 1960.

NOTAS

NOTAS

A Editora Contracorrente se preocupa com todos os detalhes de suas obras! Aos curiosos, informamos que este livro foi impresso no mês de outubro de 2022, em papel Pólen Natural 80g, pela Gráfica Grafilar.